图解 **精益制造** *040*

工厂长的
生产现场改革

工場長のための実践！生産現場改革

［日］西泽和夫 著

郑振勇 译

人民东方出版传媒
People's Oriental Publishing & Media

东方出版社
The Oriental Press

图书在版编目（CIP）数据

工厂长的生产现场改革 /(日)西泽和夫 著；郑振勇 译.— 北京：东方出版社，2017.2
（精益制造；040）
ISBN 978-7-5060-9533-4

Ⅰ.①工… Ⅱ.①西…②郑… Ⅲ.①生产管理 Ⅳ.①F273

中国版本图书馆CIP数据核字（2017）第049878号

KOUJYOUTYOU NO TAME NO JISSEN!SEISAN GENBA KAIKAKU
©KAZUO NISIZAWA 2009
Originally published in Japan in 2009 by DOBUNKAN SHUPPAN. CO., LTD.
Simplified Chinese translation rights arranged through TOHAN CORPORATION, TOKYO,
and HANHE INTERNATIONAL(HK) CO., LTD

精益制造040：工厂长的生产现场改革
（JINGYIZHIZAO 040:GONGCHANGZHANG DE SHENGCHAN XIANCHANG GAIGE）

作　　者：〔日〕西泽和夫
译　　者：郑振勇
责任编辑：崔雁行　高琛倩　赵晓明
出　　版：东方出版社
发　　行：人民东方出版传媒有限公司
地　　址：北京市东城区东四十条113号
邮政编码：100007
印　　刷：北京楠萍印刷有限公司
版　　次：2017年5月第1版
印　　次：2017年5月第1次印刷
印　　数：1—6000册
开　　本：880毫米×1230毫米 1/32
印　　张：12
字　　数：233千字
书　　号：ISBN 978-7-5060-9533-4
定　　价：52.00元
发行电话：（010）85924663　85924644　85924641

目 录

第2章◆要通过"纯正5S"的引入、扎根率先进行现场改革

SECTION

第3章◆要通过标准化推进针对非正式员工实施的短期人员培训活动

SECTION

第 4 章◆要通过"可视化"与沟通打造具有强大应变力的生产现场

SECTION

第 5 章 ◆ 要培养管理人员与监督人员（现场领导）加强组织力

SECTION

第 6 章 ◆ 要利用安全管理与机器设备管理消除工伤事故、机械故障的风险

SECTION

第 7 章◆没有生产管理与质量保证就无法让顾客满意

SECTION

第 8 章 ◆ 采用 "6M 原因分析法" 增强问题解决能力

SECTION

第 9 章 ◆ 通过彻底实践 "消除浪费" 实现盈利的工厂体制

SECTION

第 10 章 ◆ 通过缩短前置时间与削减库存打造快速生产体系

SECTION

第 11 章 ◆ 通过降低成本与创造利润谋求真正的生存

SECTION

前言

工厂的周边环境，无论是内部还是外部都在急剧变化。特别是工厂的生产现场，例如为了确保企业利润，使非正式员工激增，引发了各种严峻的问题，甚至可能会影响到工厂的生死存亡。

很多企业的丑闻被曝光，看一看这些企业的丑闻就知道了，在环境激变的情况下，不为工厂的生存而研究具体对策的企业，因为对生产现场搞伪装，能把自己逼到灭亡的绝路上。作为相应的对策，仅靠改善的堆积是不会奏效的。因此，对工厂中所有的生产现场都进行"生产改革"至关重要。

与生产改善不同，"生产改革"的必要条件是厂长以自上而下的方式推动。过去以自下而上的方式开展改善活动即可轻而易举地生存下去，但现在的情况不像以前那样简单了。而且，为数不少的工厂中，本来有责任推动改革的管理人员在等待指示，在这种情况下，需要"生产改革"这种快速方式。但是，市面上几乎看不到介绍厂长如何以自上而下的方式实践"生产改革"的书籍。

笔者每天在企业的生产现场从事咨询工作，在此过程中，与很多企业高层共同致力于"生产改革"。于是，笔者决定出版本书，旨在给为努力生存而苦恼的厂长提供各种生存问题解决方案，它们都经过了生产现场的验证。本书基本主题是"开展由厂长推进的生产现场改革实践活动"。

本书是为因工作繁忙而闲暇不多的厂长编写的，具有以下几个特点：

①全部内容都以具体的实践方法为主体，并非以知识为主体。

②各章的结构相同，首先介绍厂长遭遇的问题实例，接下来以问答形式说明如何通过各种改革解决这些问题，以便阅读时自然而然地掌握解决问题的流程，进而应用于实践。

③各章都介绍多种实践工具，它们都经过了生产现场的验证，以便立即实践并取得效果。

本书第 1 章介绍厂长进行生产改革的思路与进行意识改革的方法。第 2 章介绍采用"纯正 5S"改革生产现场体制的方法［"改善"和"快善"在日语中是同音异义词，发音都是"**カイゼン**（kaizen）"，本书日语原文只写发音"**カイゼン**"时，指的是"快善"这个词，而并非以往的"改善"。究其原因，是因为当前生产现场所需要的活动是"快善"而并非"改善"的缘故，前者以作业人员能够舒适地作业为目标，而且"纯正 5S"的目标也与它一致；后者则以改变为目的］。第 3 章和第 4 章介绍作业标准化，及通过可视化打造具有强大适应能力的职场环境，而第 5 章则介绍培养管理人员和监督人员的方法。第 6 章和第 7 章介绍旨在增强管理力的具体管理方法。第 8 章和第 9 章介绍解决问题的展开法和消除现场浪费的方法。最后，第 10 章和第 11 章介绍通过构筑新型生产方式增强竞争力的展开法、进行"生产改革"以创造利润的展开法。

本书除适合厂长阅读，还适合工厂管理人员、工厂生产改革推进小组成员阅读，也可作为推进生产改革和改善时的教材使用。

衷心希望本书能够为在严峻的经营环境中推进由厂长带头的生产改革、想打造有生气工厂的企业做出贡献。

西泽和夫

第 **1** 章

要实践厂长主导的工厂改革以期得以生存

SECTION❶

企业周边环境的激变

▲厂长要抓住环境变化的本质

企业只有迅速适应环境变化才能生存下去。所谓适者生存，就是指只有最恰当地适应外部环境变化的人才得以生存，不适应的人将惨遭淘汰直至衰败、灭亡。工厂是企业的核心，适应现实中近年来激变的企业环境迫在眉睫。当前发生的环境变化，可以说是没人经历过，也没有剧本的一出戏。厂长是生产现场的总指挥，要准确地掌握这些环境变化的本质，以自上而下的方式推进实施生存问题的解决方案。

近年来，内外环境变化包括以下事项：

▲外部环境的主要变化

企业面临的外部环境变化，包括原来就有的全球市场竞争日益激烈、产品生命周期缩短、中国与东南亚廉价产品流入等；另一方面，近年来已特别表面化的变化现象包括以下事项：

①全球经济不稳定引起全球经济环境极度低迷。

②消费者需求变化增大导致销售额变动增大。

③老龄化和贫富差异扩大导致消费结构变化。

④企业接二连三地爆出丑闻，相应地消费者对企业的要求更加严格。

▲内部环境的主要变化

关于内部环境，企业体制问题也受到关注，例如自90年代起，以雇用调整的名义，企业骨干用完就开除、解雇，而且只把企业利润放在第一位。近年来，企业内部环境的变化进一步加剧，其具体表现是下述"人员变化"，它不仅是制造现场的问题，也是经营的问题。

①非正式员工相对于正式员工数量增多。非正式员工已超过职工总人数的1/3，他们是适应订单变动与确保企业利润不可或缺的劳动力。

②制造业当中年轻员工稳定率恶化。表现为大约3年左右一半人离职的趋势，人才短缺现象严重。

③婴儿潮时期出生的一代大量退休，这被称为2007年度问题。婴儿潮时期出生的一代是日本精益制造能力成长的主角，随着他们的退休，生产现场积累下来的技能和诀窍得不到继承，正在迅速失传。

▲企业适应环境变化的滞后与症结

上述企业环境的变化属于新现象，以前从未经历过，近年来正迅速蔓延。因拼命确保企业利润，使得很多企业适应环境变化的举措滞后，结果开始出现以下现象，导致精益制造基础坍塌。

①某代表日本的传统企业，被曝光打着在激烈的市场竞争中生存的旗号，只把自己公司的利润放在第一位，欺骗顾客。

②只要欺骗消费者的行径东窗事发，消费者就会迅速流失，企业在短期内便土崩瓦解。

③企业无法适应生产现场人员变化，站前广场现象（坐等指示的电线杆员工、到处找物品与信息的行人员工有增加趋势）蔓延，作业时间不够，于是偷工现象严重，顾客投诉增多。

④生产现场无法让派遣员工在短期内形成生产力，质量不合格、投诉、交货期延误频发，使得顾客流失现象进一步加剧。

▲企业为了能够真正生存下去应该在哪些方面努力？

在这种空前的新经营环境中，应该做什么、怎样做呢？应该采取的解决方案是，致力于生产现场的改革，否定迄今为止关于精益制造的固有常识，以期打破现状。此时要注意的是，应该努力解决的问题并非形式上的生产革新。准时制生产方式和数字系统所代表的生产革新，只有资金雄厚才有可能实现，因而很多企业引入的效果无法持续。精益制造历来被称为人员培训，日本的精益制造居世界首位，其优势在于工厂高层与生产现场融为一体的现场体制。时至今日，日本精益制造力的本质完全没有变化。工厂高层带头进行工厂改革，厂长本身自觉行动、率先垂范进行实践，这是当前以期得以生存所需要采取的措施。

SECTION❷

工厂高层进行工厂改革的任务

厂长主导工厂改革以在变化中求生存

▲工厂经营保守是死路一条

近年来，日本国内传统企业犯罪行为在增加。其中，特别令人瞩目的趋势就是名企违法，这些名企在经济成长时代支撑了日本经济。导致名企崩溃和高层被捕这种最糟糕结果的原因何在？在于无法适应时代的巨大变化。为什么无法适应时代的变化而掉队了呢？

▲旨在适应变化的思路

那是因为无法针对市场的变化、顾客的变化、竞争的变化从本质上转变企业体制的缘故。其结果，仅依赖以往那种陈旧的经营模式和产品、服务，无法改变经营状况，只能维持现状。最后，演变成为背信弃义的行为，令顾客大失所望。

为什么无法变化呢？那是因为经营高层、工厂高层自己无法改变的缘故。改变企业体制，只有经营高层、工厂高层才能办得到。目前，对工厂高层而言，最重要的任务是变革自己的意识与行为，以使工厂得以生存。

▲工厂高层要站在变革的前列！

把工厂转变为"创造价值团队"的基点在于工厂高层。工厂高层改变，可以带动部长、科长改变，由于他们的改变是货真价实的，因而可以带动普通员工改变，进而带动外部员工也改变。对在企业内部工作的全体人员而言，此前的做法行不通了，适应客户需求的变化和激烈的竞争需要"发现"，必须从根本上改变对物品的看法和思路。因此，发现自己本身需要改变于是采取行动以求改变，这就是创造价值团队企业的基本条件。

▲工厂高层的根本任务

为了实践工厂改革，工厂高层应该做什么、怎样做以完成根本任务呢？那需要改变人的意识，改变组织体制，改变产品与技术，改变开展业务的方法，改变处理风险的方法。因此，必须首先改变工厂高层的意识，改变行为。改变自己的意识、改变思路就是当务之急。

▲要推进生产现场改革

厂长的任务在于推进生产现场改革，以适应内外环境的激变，形成生产现场的适应力。因此，厂长应首先予以实践的是改革自己，对自己本身进行意识控制。借此可以设定不偏不倚的改革方针，工厂各级组织也能踏踏实实地各自构筑长于适应变化的体制。

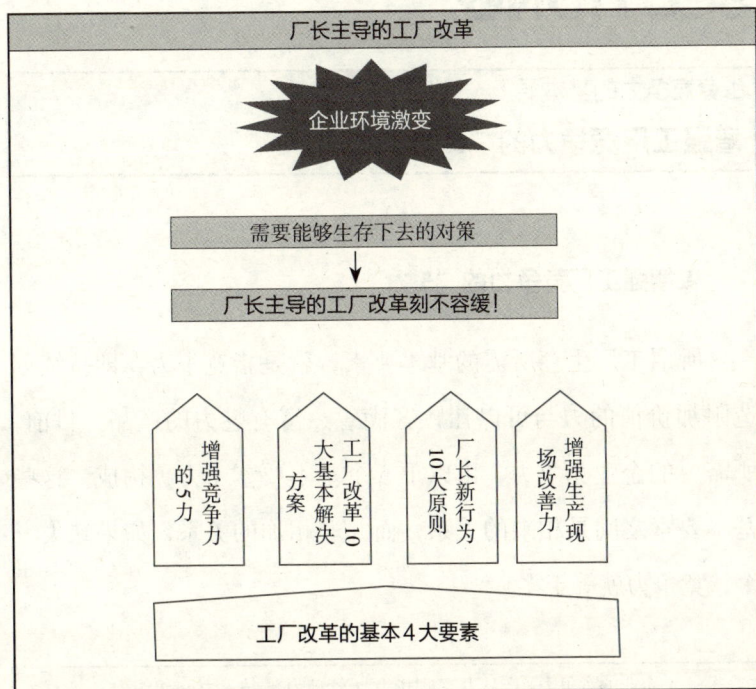

SECTION❸

增强工厂竞争力的"5力"

▲增强工厂竞争力的"5力"

所谓工厂生存所需的基本要素，就是指竞争力，即持续创造附加价值的力与可以让顾客满意、富有魅力的产品。目前，所需要的企业竞争力，由以下5个基本要素（力）构成。这些基本要素之间是相乘的关系，而并非相加的关系，如果缺失一个，竞争力就等于零。

> 企业的竞争力=产品力 × 现场力 × 管理力 × 技术力 × 组织力

"5力"的具体内容如下：

①产品力。所谓产品力，就是指工厂生产出来的产品所具有的质量。产品的质量分为"当然质量"和"魅力质量"。所谓当然质量，就是指产品具有的基本质量。这种质量即产品所具有的当然质量，前提就是达到顾客期待的水平，居于首要地位的是"产品安全"。某食品工厂未理解这一点，在卫生管理的根本上弄虚作假，结果因顾客流失导致崩溃，这个实例至今依然记忆犹新。所谓"魅力质量"，就是指对顾客而言能够引起购买

欲的质量。具有自己公司独特魅力的产品产生出竞争力。企业要在产生出这两种产品力上下功夫，以能够生存下去，而且还需要有新产品量产启动力，以在短期内即可稳定生产新产品（参阅第 10 章）。

②现场力。所谓现场力，就是指这样一种力，即生产现场的管理和监督人员、作业人员，直面并抓住浪费和产生的问题以及生产情况的变化，开动脑筋想办法予以解决，从而带来改善效果。目前，非正式员工增多使得现场力降低，因而增强以管理和监督人员为主的现场力至关重要。为此，需要应用"纯正 5S"（参阅第 2 章、5 章）。

③管理力。所谓 2007 年度问题，就是指迎来了婴儿潮时期出生的一代大量退休，他们在生产现场起到了中流砥柱的作用。生产现场依靠这些中流砥柱的判断力，并以此作为管理基准。于是，因为这些中流砥柱逐渐消失，所以重新构筑生产现场的管理力已迫在眉睫。增强管理力，不但可以应对风险，而且还可以提升顾客满意度（参阅第 6 章、7 章）。

④技术力。所谓技术力，就是指这样一种力，即基于原理原则解决技术问题，生产出具有自己公司独特附加价值的产品。精益制造的技术力可以分解为 3 个分力，即开发新产品的设计开发技术力、满足设计要求并准备生产条件的生产技术力、在生产现场提升质量的现场技术力。工厂要增强这 3 个技术力，打造具有问题解决力再加上竞争力的工厂体制（参阅第 8 章、

10章）。

⑤组织力。要从根本上重新评估扁平式组织这一美式组织结构。采用扁平式组织的结果是，产生了等待指示的组织体制和把解决生产现场每天发生的问题往后拖的隐瞒体制。在"变种变量变人生产"已成常态的情况下，打造能够解决问题的组织、打造员工成长进步的组织体制，已经成为一个经营课题。要明确工厂的层级别组织，并且明确功能别组织，这样一来，既可以增强生产管理、质量保证功能，从而提高顾客满意度，又可以通过工伤事故管理、设备管理增强风险处理力（参阅第3章、6章）。

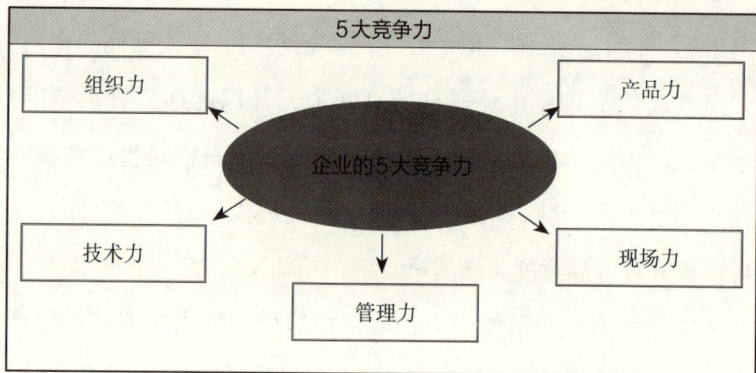

图1-1

SECTION❹

工厂生存的基本解决方案

适应变化的工厂改革"10 大基本解决方案"

▲适应变化的思路

怎样考虑适应"变种变量变人生产",是不是应该予以实践呢? 适应变化的根本在于打造这样的工厂体制,即对生产现场因变化而产生的无理、无稳、浪费与问题(麻烦),可以实时地进行处理,并采取可靠的防止再发生对策,进而能够防发生问题于未然。此外,还在于培育能够实践它们的员工和组织。用不着 IT 系统和细胞式生产来实现生存解决方案,归根结底它们只不过是生存的辅助手段之一。生存的基本要素需要有一个认识,即厂长不能置身于所主导的工厂改革之外(参阅第 4 章、9 章)。

▲工厂改革的 10 大解决方案

为了让工厂得以生存,需要有从根本上改革、改善工厂当前状态的措施。究其原因,是因为要适应上述内部和外部环境变化而生存下去的缘故。因此,必须实践以下 10 大基本解决方案。无论哪一个解决方案都一样，除非工厂高层身先士卒，否则就无法实现。10大解决方案都是对想要获得新理想状态的生产现场进行改革和改善的措施，而并非表面上的改善对策。本书从头至尾都在具体地介绍如何以自上而下的方式实践这些解决方案：

①通过引入"纯正5S"改革生产现场体制。为了打造可以适应变化的生产现场体制，基本解决方案除"纯正5S"之外别无选择。失去它，便无法重新构筑大量采用非正式员工的生产现场。后面章节将介绍"纯正5S"的引入和扎根方法（参阅第2章）。

②采用标准化的人员培训。对非正式员工进行指导、培养是生产现场人员培训的基本条件。为此，需要作业标准化。后面章节将介绍当前需要的标准化与人员培训的方法（参阅第3章）。

③通过"可视化"与加强沟通打造应变力强的生产现场。要通过生产现场可视化，打造能够迅速抓住问题和变化并先行一步解决的工作岗位，后面章节将介绍"可视化"的实践方法（参阅第4章）。

④通过培养管理人员与现场领导打造进步的组织。工厂培养管理人员与现场领导越来越重要，前者负责让改革的管理循环依次运行下去，后者负责推进生产现场完成目标与生产现场

改善。后面章节将介绍培养管理人员与现场领导的方法（参阅第5章）。

⑤通过安全管理与机器设备管理降低生产现场风险。通过安全管理与机器设备管理，可以提高生产现场的风险处理能力。后面章节将介绍增强管理能力的方法（参阅第6章）。

⑥通过生产管理与质量保证提高顾客满意度。加强生产管理与质量保证，可以提高顾客满意度。后面章节将介绍增强管理力的方法（参阅第7章）。

⑦采用"6M原因分析法"增强问题解决力。工厂内外环境变化，导致工厂的生产现场每天都产生问题。解决问题的措施已成为生存的必要条件，而那些措施应能够直面并抓住这些问题、防止再次发生。后面章节将介绍解决问题的具体方法（参阅第8章）。

⑧通过"消除浪费"创造利润。在"变种变量变人生产"的过程中，生产现场浪费频发。只有把"消除浪费"贯彻下去，才能为工厂创造利润。后面章节将介绍如何发现浪费、怎样有效地推动"消除浪费"（参阅第9章）。

⑨通过重新构筑生产方式缩短前置时间、削减库存。采用小批量生产方式，可以缩短前置时间、削减库存。后面章节将介绍缩短前置时间、削减库存的方法（参阅第10章）。

⑩通过生产改革和改善来降低成本、创造真正的利润。只有通过改革和改善来降低成本，才能显现出创造利润的效果。后面章节将介绍通过生产改革创造利润的方法（参阅第 11 章）。

SECTION❺

厂长应保持的"新行为10大原则" I

▲厂长应保持的"新行为10大原则"

下面列出厂长应保持的"新行为10大原则",旨在让厂长进行意识改革和行为改革。厂长要始终基于这些行为原则行事:

①下决心推进工厂改革(革新意识)。所谓工厂改革,就是指工厂管理机制和前提条件从根本上改变,而并非表面上的改善。因此,方针和目标便成了工厂改革不可或缺的指南针。设定方针和目标,可以有效地推动工厂改革。只有工厂高层带头推进,在推动会议上检查每个月的目标完成情况,方针才可以贯彻,目标才可以完成。工厂高层的行为,决定工厂改革的效果(参阅第1章)。

②保持工厂改革明确的展望(展望意识)。要明确对自己公司工厂未来的展望,旨在进行工厂改革。正是因为处于激变的时代,才要做出中期和短期展望,明确工厂应有面貌的形象,迅速适应变化。要设定自立型工厂经营展望,做出推动工厂改革的行为,以赢得一席之地。

③重视确保利润(利润意识)。确实掌握工厂利润的工厂高

层能有多少呢？厂长只要管理产量就行的时代已经终结。仅仅依靠节约来降低成本，无疑是在消耗工厂的体力。创造工厂应有的利润才是企业生存的基本条件。为了确保利润，工厂必须彻底实践工厂改革。要以工厂高层为中心，推进工厂彻底改革，自始至终努力确保利润（参阅第 11 章）。

④应用解决问题的方法（解决方案意识）。工厂高层要迅速、确实解决堆积如山的问题。企业解决工厂问题往后拖，因丑闻败露而倒闭的例子不胜枚举。为了解决问题，既要有持续不断思考的问题意识，又要应用解决问题的工具。"6M 原因分析法"就属于解决问题的工具。这种方法不仅可以有效地解决生产现场的问题，而且可以有效地解决工厂高层本身的问题。采用这种方法实践解决工厂问题，工厂便可得以生存（参阅第 8 章）。

⑤变革员工的意识与行为（更换意识）。今后，在这变化的时代需要培养核心（指公司的核心）员工。没有核心员工，不要说工厂改革，就连顾客的要求都难以满足。并且，如何利用非正式员工的能力，已成为一个重要课题。此外，积极培养管理人员与监督人员也是一个重要主题，亦即一边适应多变的订单一边推动工厂改革。高效率地使用员工的时代已经一去不复返了，取而代之的是"有效地"使用员工的时代。因此，必须变革员工的意识，改革员工的行为（参阅第 5 章）。

⑥应用"纯正 5S"改革生产现场（5S 意识）。在迅速恶化的经营环境中，更需要从根本上改革生产现场的体制。唯一能

够达到此目的的手段就是"纯正5S"。"纯正5S"需要包括非正式员工在内的全员参与，除非致力于采用"纯正5S"打造有干头的生产现场，否则就连防止对生产现场搞伪装、隐瞒都无法做到。而且，只有工厂高层带头才能实现。生产现场生存的基本活动就是"纯正5S"（参阅第2章）。

⑦实践"消除浪费"的改善活动（快善意识）。环境变化迅速发展，结果生产现场中普遍存在的浪费现象越来越多。浪费当中，除了物品的浪费之外，还隐藏着大量管理的浪费和看不见的浪费。浪费正因为看不见，所以才相当麻烦。"意识的浪费""等待指示的浪费""返工的浪费""搬运的浪费""垂直业务的浪费"等，将会把工厂利润吃个精光。工厂高层必须带头推进消除浪费活动（参阅第9章）。

SECTION❻

⑧应用管理机制让顾客满意（CS 意识）。要应用生产管理与质量保证机制进行精益制造，以追求顾客满意。把制造甩给无法应用管理机制的现场处理不管不问，连 QCT（质量、成本、前置时间）都不能实现。通过从生产管理展开为工序管理，可以实现与顾客之间的交货期约定，通过质量保证防止投诉再发生，可以让顾客满意（参阅第 7 章）。

⑨挑战新商品、新技术、新生产方式（挑战意识）。企业赢得一席之地的必要条件在于向高附加价值的新商品、新技术、新生产方式挑战。必须以工厂高层为中心，向开发新商品、创造新技术、构造新的生产方式挑战，以增强竞争力（参阅第10 章）。

⑩防工厂发生风险于未然（规避风险意识）。在当今多变的时代，工厂有很多风险。特别是生产现场，存在着因发生工伤事故与机器故障而停产的巨大风险。事实上，很多工厂出现了一种趋势，即工伤事故随非正式员工增加而激增，陈旧机器设备故障频发。要以厂长为中心，实施风险处理措施（参阅第

6章）。

请理解以上10个意识转变，利用下表"意识转变和检查表"掌握自己的现状，并用于增强缺乏的意识。工厂高层看自己的眼睛改变了，意识就可以改变，行为也可以改变。其中，重要的是推进工厂改革与员工意识改革。

表1-1 意识转变和检查表

No	项目	现状	得分	改善对策
1	采取了推动工厂改革的行为吗？ （革新意识）			
2	保持了工厂改革的展望吗？ （展望意识）			
3	有重视确保利润的行为吗？ （利润意识）			
4	是否应用了解决工厂问题的方法？ （解决方案意识）			
5	实践了员工意识与行为的改革吗？ （更换意识）			
6	实践了应用"纯正5S"的现场改革吗？ （5S意识）			
7	实践了"消除浪费"的改善活动吗？ （改善意识）			
8	应用了管理机制追求顾客满意吗？ （CS意识）			
9	挑战了新商品、新技术、新生产方式吗？ （挑战意识）			
10	已做好了防工厂发生风险于未然的准备吗？ （规避风险意识）			
总结：今后需要增强哪些意识？为此需要采取哪些行动？				

SECTION❼

为了推进工厂改革要增强生产现场的改善力

▲打造增强现场力的基础

全球的工厂，现场没有现场"力"。另一方面，大家却都说日本有现场力。其原因在于日本的现场拥有优秀的工作人员，他们受教育水平高，可以为了更好地工作而进行作业改善，维持、改善了生产现场。

但是，因近年来生产现场以非正式员工为代表的人员变化，日本的现场力也在逐渐消失。对这样的事实不予以重视，不要说完成计划好的生产目标，就连推进生产现场改革也是不可能的。为了打破这种现状、创造生产现场改革的前提条件，厂长必须首先带头致力于复活和增强逐渐消失的生产现场改善力，然而实施为达此目的所采取的措施并不容易。是否能够成功增强现场力，取决于是否能够让非正式员工具有的能力（含干劲、改善力）发挥出来，他们在生产现场总人数中所占的比例已接近一半。认真推进下述措施就是实现这一目标的必要条件：

▲增强改善力的基本步骤

增强改善力的根本在于全体作业人员参与并推进。作为每个单独的个人，不能成为事不关己高高挂起的作业人员。那样的作业人员会导致发生投诉、不合格。全员参与增强改善力的基本步骤如下：

步骤1 引入"纯正5S"改变生产现场，以便非正式员工和新入职员工"看得见、弄得懂、做得到"。采取这种措施，可以打造非正式员工和新入职员工备感亲切的生产现场。不引入"纯正5S"，生存的措施也好，生产现场改革也罢，统统都不可能实现，理解这一点至关重要（参阅第2章）。

步骤2 实施"作业标准化"，努力夯实培养人才的基础。很多生产现场都设定了一份作业标准书，但是目前在生产现场工作的作业人员，非正式员工是主体，对于这些缺乏经验的作业人员而言，需要通俗易懂的作业标准书。因此，要从根本上修订作业标准书（参阅第3章）。

步骤3 进行"可视化"，使得生产现场的问题无论何时、无论何人只要一看就明白。因此，首先在各工作岗位都安装"可视化板"，把生产现场的问题与原因以及对策可视化，以实现打造无伪装和隐瞒的工作岗位体制（参阅第4章）。

步骤4 致力于人员培训，发挥以现场领导为主推进的"纯正5S"、作业标准化、可视化的强大作用，旨在打造员工进步的生产现场体制（参阅第 5 章）。

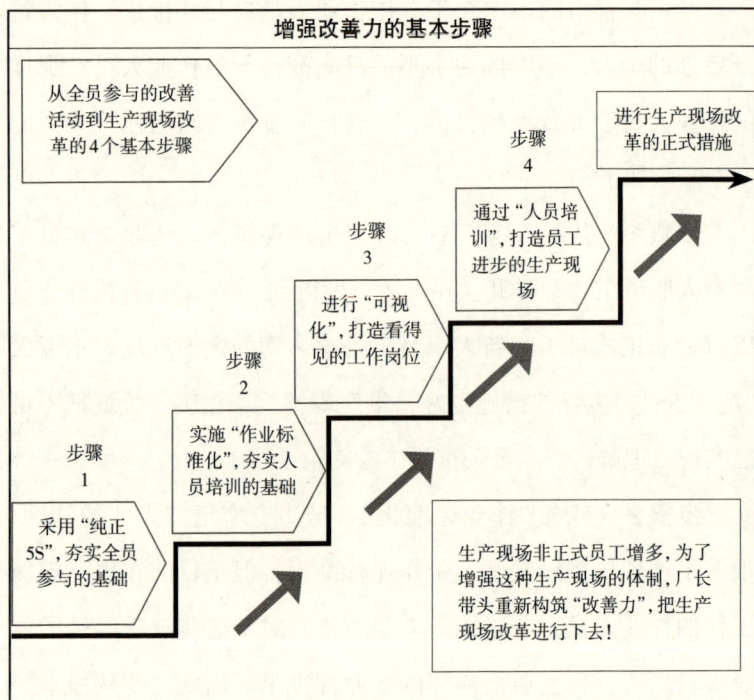

增强改善力的基本步骤

从全员参与的改善活动到生产现场改革的4个基本步骤

步骤
1
采用"纯正5S"，夯实全员参与的基础

步骤
2
实施"作业标准化"，夯实人员培训的基础

步骤
3
进行"可视化"，打造看得见的工作岗位

步骤
4
通过"人员培训"，打造员工进步的生产现场

进行生产现场改革的正式措施

生产现场非正式员工增多，为了增强这种生产现场的体制，厂长带头重新构筑"改善力"，把生产现场改革进行下去！

图1-2

SECTION⑧

掌握工厂改革的成果
应用检查表以掌握工厂改革的成果

▲掌握工厂改革成果的思路

厂长带头推进工厂改革，对工厂在激变的环境中得以生存至关重要，非做不可。采取这种措施，必须打造出带有以下特点的工作岗位体制，这些特点包括具有创造附加价值的竞争力与利润创造力、十足的干劲。得到这种成果的要点是，要在生产率、质量、交货期、成本、管理、改善共6个要素中均衡地进行改革。这6个要素要相互关联，同步完成。

▲制造部门的业绩评估指标

制造部门的业绩评估指标，设定下表所示的项目比较有效。设定时，首先与现状水平、计划目标、致力于改革的实际情况比较，未完成时，要掌握其原因，通过进一步开展活动以切实达到目标。各项目的内容如下：

①生产率：以附加价值生产率为中心，分别设定时间、劳动、设备的生产率指标。

②质量：利用成品质量不合格率掌握质量嵌入力，就工序内的不合格率、出货后的投诉发生率掌握指标。

③交货期：利用交货期延误率掌握整体的按期交货率，进

而具体地掌握延误天数比例。

④成本：利用制造成本率掌握利润创造力，掌握外包费率与通过降低成本取得的成果指标。

⑤管理：利用非正式员工比例掌握非正式化比例，利用工伤事故发生件数掌握安全管理，利用直间比掌握间接部门是否过剩。

⑥改善：改善属于支撑推进工厂改革的重要活动。关于改善活动的活跃度，先掌握发现问题活动，即5S会议与5S巡查的实施情况，再利用改善实施数量与内容掌握。

表1-2　制造部门业绩评估指标管理表

分类	No.	评估指标	计算公式	现状	计划	实际
生产率	1	附加价值比例	$\dfrac{附加价值(产值-材料和外包费)}{产值}$（%）			
	2	时间生产率	$\dfrac{产值}{劳动总时间}$（千日元/H）			
	3	劳动生产率	$\dfrac{附加价值(产值-材料和外包费)}{人数}$（千日元/人）			
	4	设备生产率	$\dfrac{附加价值}{生产设备投资额}$（%）			
质量	5	产品质量不合格率	$\dfrac{不合格品数量}{总产量}$（%）			
	6	工序总计不合格率	$\dfrac{工序中不合格品数量}{总产量}$（%）			
	7	因制造部责任引起的投诉发生率	$\dfrac{投诉件数}{批次总件数}$（%）			

续表

分类	No.	评估指标	计算公式	现状	计划	实际
交货期	8	交货期延误率	$\dfrac{延误件数}{出货总件数}$ (%)			
	9	平均交货期延误天数比例	$\dfrac{延误天数合计}{出货总件数}$ (天/件)			
成本	10	制造成本率	$\dfrac{制造成本}{产值}$ (%)			
	11	外包费率	$\dfrac{外包费}{产值}$ (%)			
	12	成本降低率	$\dfrac{成本降低金额}{制造成本}$ (%)			
管理	13	非正式员工比例	$\dfrac{非正式员工数量}{全体职工数量}$ (%)			
	14	工伤事故发生件数	发生工伤事故件数(件)			
	15	直间比	$\dfrac{间接人员数量}{人员总数}$ (%)			
改善	16	5S会议实施率	$\dfrac{5S会议实施次数}{5S会议计划次数}$ (%)			
	17	5S巡查实施率	$\dfrac{5S巡查实施次数}{5S巡查计划次数}$ (%)			
	18	每人提交改善提案数量	$\dfrac{提交改善提案数量}{人员数量}$ (件数/人)			

第 **2** 章

要通过"纯正5S"的引入、扎根率先进行现场改革

SECTION❶

"纯正 5S" 就是工厂改革的根本
【实例研究】

▲生产现场的问题与厂长的苦恼

[实例1"找物品现象犯滥"]

最近，与其他公司工厂一样，D公司的总公司工厂派遣员工数量激增。这属于公司的方针，是旨在降低人工成本以确保利润的解决方案，由于它已经实施，所以显然派遣员工增加的趋势会越来越强烈。但是，派遣员工的增加引发了很多问题。以前，只是偶尔发生操作失误，一定程度的质量不合格与先前相比变化不大，因而并未特别理会，但是最近注意到发生投诉已明显表现出增加的趋势。

而且，所增加的投诉内容很多与以前不同，几乎都是针对偷工作业的投诉，如忘记装配、装配遗漏、组装错误等不一而足，明显属于低级失误。山本厂长开始观察生产现场的实际情况，能够稍稍明白其原因了。派遣员工在正式作业开始之前，花很多时间准备工具和材料、找物品，正式操作的时间就不够了，结果不得不在操作上偷工。即使不这样，如果对操作不熟练的操作人员慌慌张张地在生产现场作业的现象放任不管的话，显然投诉就一定会更进一步增多。今后，在派遣员工越来越多的情况下，如何管理工厂，如何满足顾客强烈要求防止投诉再发生，山本厂长每天都为这些问题而苦恼。

▲生产现场的问题与厂长的苦恼

[实例2 "站前广场现象与日俱增！"]

最近，生产现场不仅派遣员工增多，而且自2007年起婴儿潮时期出生的一代退休，于是年轻新入职员工也在增多。上述两类员工共同的问题是，欠缺对工作的热情与干劲。即使山本厂长在观察他们的工作态度，他们也无动于衷，有时提醒当事人也没用。更令人头痛的是，虽然正在作业，但是却走来走去找物品，这种现象明显增加。另一方面，不明白怎样作业了就喊现场领导，然后坐等指示，这样的操作人员也增加很多。最近，在某研讨会上，听说近来工厂中找物品的行人作业人员、等待指示的电线杆作业人员与日俱增，这称为"站前广场现象"，山本厂长仔细观察发现，自己公司的生产现场也有相同的趋势，这对山本厂长打击不小。生产现场与过去截然不同，在这种情况下该怎么办？山本厂长每天都为这个问题而苦恼。

▲生产现场为什么变成这个样子了？问题的真正原因是什么？

在生产现场工作的作业人员素质明显不高，生产现场中不熟练的操作人员，或找物品或坐等指示。没有致力于打造对缺乏经验的操作人员而言看了就明白的生产现场，这就是厂长苦恼的原因。山本厂长没有注意到这一点。为了从本质上解决厂长的苦恼，消除站前广场现象，要进行生产现场的改革。

▲厂长怎样改变这样的生产现场好？

再也不能像以前那样生产现场体制什么也不改革就这么往后拖了。为了让缺乏经验的操作人员也可以认认真真地工作，怎样改变生产现场为好呢？其基本解决方案就是"纯正5S"。提到5S活动，一般工厂都认为要做的事情主要就是扫除整理，然而"纯正5S"却是与那种没有任何效果的扫除与整理截然不同的活动。"纯正5S"特点如下所示。其中，厂长带头推进是"纯正5S"的必要条件，这一点特别重要：

---

①"纯正5S"是指全员参与从根本上改革生产现场的措施。
②"纯正5S"是只有厂长带头推进才可以实现的活动。
③"纯正5S"是在中小企业中也可以充分发挥作用的措施。

第2章将具体介绍厂长应该如何带头去做以推进"纯正5S"。

SECTION❷

"纯正 5S" 应该做什么、怎样做

Q:1 "纯正 5S" 与以往的 5S 有什么不同？

A:1 提起"纯正 5S"，经常有人问是不是有山寨 5S 呢？确实存在山寨 5S。所谓山寨 5S，就是指以扫除、整理等为中心的美化运动。很遗憾，事实上很多工厂都有这种趋势。所谓"纯正 5S"，就是指实践这样一种活动，即在派遣员工与新入职年轻员工激增的情况下，打造对这些作业人员而言看得见、弄得懂、做得到的生产现场。

Q:2 "纯正 5S" 活动的目的是什么？

A:2 "纯正 5S"的目的是，从根本上改革向站前广场发展的生产现场。除了"纯正 5S"之外，再也没有重新打造生产现场的方法了，即使这样说也不为过。具体来说，就是全员参与推进以达到如下目标：

①打造缺乏经验的操作人员也看得见、弄得懂什么物品放在什么地方的生产现场。通过"整理"，清除掉不需要的物品，仅把需要的物品放在工作岗位，并看得见所需要的物品。

②打造可以判定正常与异常、可以早期发现问题的生产现场。通过"整顿","定置"物品与信息，以便无论何人、无论何时都可以立即开始作业。

③从源头上清除生产现场发生问题的原因以防再发生。通过"清扫"，进行清扫和检查，发现污垢和问题，努力从源头上阻断产生污垢和问题的原因。

④打造积极培养员工的生产现场体制。明确工作岗位规则和作业标准，通过"素养"，维持生产现场的秩序，培养员工。

⑤开展可以快善（意即打造对作业人员而言舒适的工作岗位）的生产现场活动。通过5S研讨会与5S巡查，发现工作岗位的问题，打造有生气、有干劲的工作岗位。

⑥消除作业失误，提高产品质量。通过"素养"培养作业人员，通过定置预防找物品的浪费。

⑦全员参与消除工作岗位的无理、无稳、浪费，打造盈利的生产现场体制。通过全员参与的5S活动，消除工作岗位的无理、无稳、浪费，致力于打造盈利的工作岗位。

Q：3 推进"纯正5S"厂长的任务是什么？

A：3 "纯正5S"是一种现场改革活动，它从根本上改变以往那种以经验主义为主的生产现场。因此，除非作为工厂高层的厂长带头去做，否则就不可能有任何进展。成败与否，取决于厂长有无热情与行动力。

表 2-1

"纯正 5S" 的最终效果

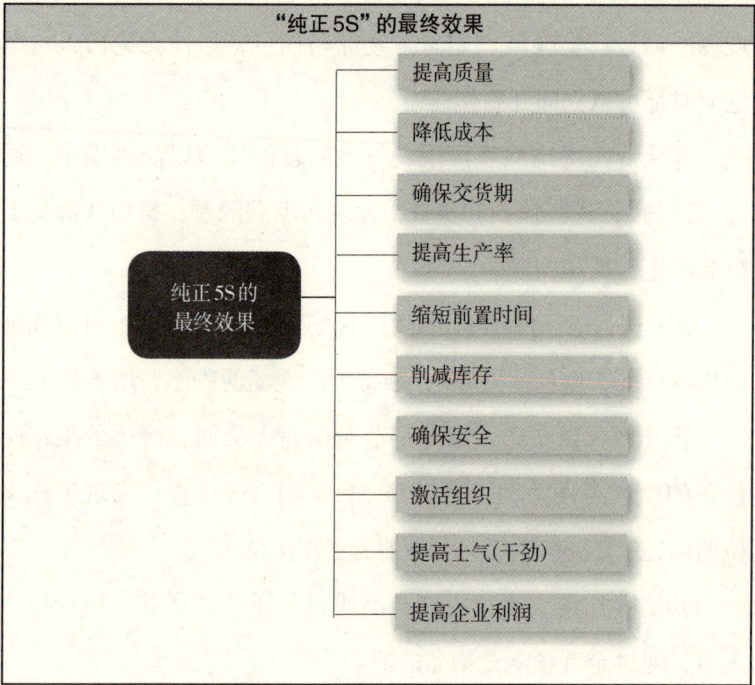

SECTION❸

"纯正5S"的基本程序

"纯正 5S" 由厂长带头，其根本是什么

Q：1 引入 "纯正 5S" 怎样推动好呢？

A：1 "纯正5S"引入后任其自生自灭绝不会成功，必须根据5S引入的基本程序引入。很多工厂即使引入了5S也扎不下根，眼看着都进行不下去或流于形式，究其原因，一定有这样一种漫不经心的想法：跟5S基本程序没有任何关系，光凭经验5S就能扎下根。

Q：2 顺利引入 "纯正 5S" 有哪些要点？

A：2 引入的重点如下：

①厂长带头推进。引入"纯正5S"，厂长带头推进是根本。没有高层的热情就不会成功。

②5S每6个月循环1次。与过去日本人的生活周期（以盂兰盆节与正月为界限循环一年）吻合，按每年2次的循环规律推进。

③从启动5S开始。"纯正5S"全员参与推动是根本。因此，引入5S活动时，要召开启动5S全员誓师动员大会。

④整理的下一项工作是清扫，给工厂做一次大清洗。在引

入阶段，整理的下一项工作不是整顿，而是清扫。这是因为要通过整理，大量清除不需要的物品，以暴露出长年形成的污垢的缘故。因此，处理了不需要的物品后，全员参与，一起把工厂清扫干净。

⑤通过5S巡查发现问题。利用5S检查表观察生产现场从而发现问题。

⑥利用5S工作岗位会议与5S委员会议让5S扎根。在5S工作岗位会议上收集现场的意见和建议，在5S委员会议上研讨、解决推进方面的问题。

⑦通过5S竞赛评估活动。参加5S活动，表彰先进，奖励勤奋。

表2-2 "纯正5S"的基本程序(引入前半期)

分类	项目 ＼ 月份	1	2	3	4	5	6
整理	1.介绍启动和整理的方法	▬					
	2.制订整理计划	▬					
	3.摘出不需要的物品		▬				
	4.判定不需要的物品		▬				
	5.收集、处理不需要的物品			▬			
清扫	6.介绍清扫的方法		▬				
	7.重新确认并准备清扫工具			▬			
	8.规划与实施一起大扫除			▬			
	9.制定和实施日常清扫规则				▬		

续表

分类	项目 \ 月份	1	2	3	4	5	6
整顿	10.介绍整顿的方法				▬		
	11.编写实施计划书				▬		
	12.实施整顿					▬	
	13.编写和实施运用规则						▬
素养	14.介绍素养的方法		▬				
	15.实施"WSKX"		▬▬▬▬▬▬▬▬▬▬▬▬▬▬				
5S巡查	16.自查	○	○	○	○	○	○
	17.互查	○	○	○	○	○	○
	18.推进委员巡查	○	○	○	○	○	○
	19.委员长巡查	○	○	○	○	○	○
活动	20.5S工作岗位会议(每月2次)	○	○	○	○	○	○
	21.5S委员会议	○	○	○	○	○	○
	22.5S竞赛						○

注: 1. 5S巡查利用"5S检查用检查表"(第57页)实施。
2. 5S工作岗位会议是一种场合,它会形成推进5S团队的原动力,务必在工作时间内每月召开2次,每次5 ~ 10分钟左右。
3. 5S委员会议工厂高层与推进委员以及5S领导出席,每月召开1次。

SECTION❹

"纯正 5S" 成功的 3 大原则与引入准备

Q : 1 "纯正 5S" 扎根的秘诀是什么？

A : 1 "纯正 5S" 按照基本程序推进下去，让其扎根的秘诀包括成功的 3 大原则。而且，5S 活动开始前的准备事项也是让 "纯正 5S" 扎根的重要活动。

Q : 2 "纯正 5S" 成功的 3 大原则应该做什么、怎样做？

A : 2 成功的 3 大原则如下：

原则 1　厂长与管理人员要带头推进！带头推进 "纯正 5S" 的是高层与管理人员。任凭现场随意安排的 5S 是空洞的活动，做做样子而已。因此，厂长必须带头。而且，要指名管理人员（部长、科长）当推进委员。管理人员带头，成为 "纯正 5S" 活动的榜样，这一点至关重要。所谓 "纯正 5S"，就是指改革生产现场的活动，而并非美化运动。最初引入时，一般员工不明之处较多，因而推进委员即管理人员必须学习 "纯正 5S"，起到表率作用。

原则 2　要全员参与推动！"纯正 5S" 全员参与实践是根本。"纯正 5S" 的 5S 成员无一人例外。这是一种全体工作人员参与的活动，工作人员包括正式员工、派遣员工、钟点工、勤工俭学员工等。

原则3 要在上班时间（on time）活动！"纯正 5S"作为工作的一部分，在工作时间内实施。要说为什么，是因为"纯正 5S"的目的是打造这样的工作岗位，即通过消除工作岗位的无理、无稳、浪费，让全体员工能够"轻松地、迅速地、确实地"实施作业。要求加班搞活动，就会借口今天忙而延期。因此，在工作时间内（10 分钟）开展活动就是 5S 持续的原则。

表2-3

"纯正5S"的准备事项
"纯正5S"定义 ①整理=> 分为需要的物品与不需要的物品，处理不需要的物品(除非是必需的材料和工具，否则不要拿到工作岗位) 　　=> 整理的反义词是"无理" ②整顿=> 要归置需要的物品(按照规定摆放方法摆放到规定的场所，在物品上和摆放场所进行标注，以便无论何人、无论何时都可以立即取出所需要的物品) 　　=> 整顿的反义词是"无稳" ③清扫=> 要给身边的物品和工作岗位做扫除 　　=> 清扫的反义词是"浪费" ④清洁=> 要每天坚持实施整理、整顿、清扫，维持整洁且能发挥出干劲的工作岗位 　　=> 清洁的反义词是"肮脏" ⑤素养=> 要遵守工作岗位的规则和纪律，并贯彻执行 　　=> 素养的反义词是"放任"

Q:3 "纯正 5S" 的准备事项应该做什么、怎样做？

A:3 为了准备 5S 活动，要实施以下准备事项。要想今后扎下根，充分的准备事项是不可或缺的：

①学习"纯正 5S"的基础知识。先学习 5S 的基础知识，理解正确的方法后再开展活动。推进委员与 5S 领导利用"纯正 5S"教材（参考书《5S 引入手册》，西泽和夫著，神吉出版）学习，然后指导全体职工。

②打造全员参与的推进体制。社长或厂长当委员长，管理人员当推进委员，承担积极推进 5S 活动的任务。5S 活动涉及的对象是在企业内工作的全体人员。要打造包括全体人员在内的推进体制，全体人员指钟点工、派遣员工、勤工俭学员工等在企业工作的所有人员。

③组成 5S 团队。5S 团队原则上由 5~6 人组成。这是因为如果超过这个人数的话，即使有人不做事也无从知晓的缘故。接下来，指名领导与基层领导。

④指名推进委员。让管理人员（部长、科长）作为推进委员，负责 5S 推进工作，带头参加活动。

⑤设 5S 办公室。5S 办公室，科级当办公室主任，年轻人当委员，由 3~4 人组成，持续支援各 5S 团队。

⑥展示 5S 推进区。规定负责 5S 活动的场所为推进区，绘成图展示在工作岗位。

⑦展示组织图与 5S 定义。把整个 5S 推进组织与"5S 定义"

展示在食堂等大家聚集的场所，让大家反复朗读，以不断加深理解 5S 的真正意义。

⑧安设 5S 宣传板。在工厂入口处竖大型宣传板，上书"正在推进纯正 5S 运动"，向厂内外宣布本公司正在致力于 5S。全体职工每天都能看到 5S 宣传板，从而形成勇往直前绝不后退的意识。

⑨召开 5S 启动大会。召开启动大会宣布开始实施 5S 措施，全体职工和有关人员出席。社长、推进负责人、5S 领导以坚定不移的姿态宣布致力于 5S，自次日起便能够持续开展 5S 活动。

"纯正5S"的准备事项

5S 推进组织图

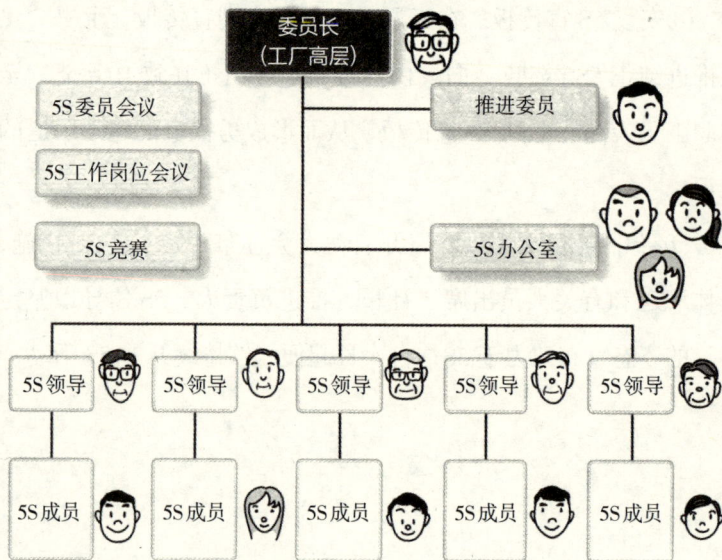

5S 宣传板

5S 推进区

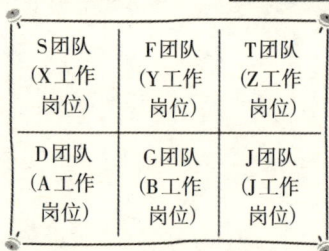

（工厂布置图）

S团队 （X工作 岗位）	F团队 （Y工作 岗位）	T团队 （Z工作 岗位）
D团队 （A工作 岗位）	G团队 （B工作 岗位）	J团队 （J工作 岗位）

图 2-1

SECTION⑤

"整理"的方法

"整理"应该做什么、怎样做

Q:1 **"整理"做什么？**

A:1 所谓"整理"，并非仅意味着"丢弃"。在"纯正5S"中，所谓"整理"，就是指按"理""整"备。其中，"理"这个字对作业人员而言是道理、理由、理解的意思。"整理"的反义词是"无理"。"无理"只能造就甩给现场处理不管不问与偷工。"整理"的定义如下：

> 基于使用频度分为"需要的物品与信息""不需要的物品与信息"，并对"不需要的物品与信息"加以处理。

对于不需要的物品，也有"无用的物品"这种说法，但"无用的物品"只不过仅以丢弃的活动而告终。"整理"的目的是，打造可以立即使用那些常用物品与信息的生产现场，所谓"常用"就是指使用频度高。

Q:2 **引入"整理"怎样做为好呢？**

A:2 引入按以下步骤开展：

步骤1　编制整理基准表。所谓整理基准表，就是指用于整理的判定基准一览表。它是一种判定基准，用于判定是否属于不需要的物品，经厂长批准后在所有的工作岗位使用。编制时，对工厂内所有的物品与信息，都设定未使用时间（迄今为止未使用的时间）。

步骤2 选定不需要的物品。"整理"的第二阶段，基于整理基准表，选定使用频度低的物品与信息。选定则由整理基准表2-4次判定人员负责实施。接下来，在现货上粘贴不需要的物品签（俗称"红签"），以表明这是不需要的物品。

步骤3 处理不需要的物品。确定不需要的物品转移场所，把判定为不需要的物品与信息从工作岗位搬到那里去，然后由2次判定人员判定处理方法。

表2-4

"整理"用工具						
整理基准表(填写实例)						
对象	内容	未使用时间（迄今为止多长时间未使用过了？）	摘出不需要的物品	1次判定	2次判定	不需要的物品列表
产品	成品	自生产之日起经过了6个月的物品	○	推进委员	部长	○
半成品	工序内	自生产之日起经过了3个月的物品	○	推进委员	部长	○
零件材料		自购入之日起经过了6个月的物品	○	5S领导	推进委员	○
机器设备	加工用	12个月未使用的物品	○	推进委员	部长	○

续表

对象	内容	未使用时间（迄今为止多长时间未使用过了？）	摘出不需要的物品	1次判定	2次判定	不需要的物品列表
工具、夹具		6个月未使用的物品	○	5S领导	推进委员	○
易损工装		3个月未使用的物品	○	5S领导	推进委员	○
样品	试制用	6个月未使用的物品	○	5S领导	推进委员	○
搬运工具		3个月未使用的物品	○	5S领导	推进委员	○
标准样本		超过了有效期的物品	○	推进委员	部长	—
量具		6个月内未使用的物品	○	5S领导	推进委员	○
耗材		3个月内未使用的物品	—	5S领导	推进委员	○
办公用品		3个月内未使用的物品	○	5S领导	推进委员	○
文具		每人有1件以上的物品	○	5S领导	推进委员	○
文件		依文件管理规定	—	5S领导	推进委员	—

不需要的物品传票(红签)

不需要的物品传票（红签）(编制日期：　年　月　日)			
品名：	序列号：	数量：	编制人：

分类：□产品 □半成品 □零件材料 □机器设备 □工具、夹具 □搬运工具
　　　□样品 □标准样本 □量具 □办公用品
　　　□其他（　　　）
理由：□订单变更 □过度制造 □生产计划不周全 □设计变更
　　　□订购过剩 □加工装配缺陷 □质量下降 □用途削减
　　　□其他（　　　）
处理：□退货 □废弃 □转用 □卖掉 □修理 □其他（　　　）

判定人	1次		2次		最终	
判定日期	年　月　日		年　月　日		年　月　日	

SECTION❻

"整顿"应该做什么、怎样做

Q:1 "整顿"做什么？

A:1 所谓"整顿"，并非仅意味着码放。在"纯正5S"中，所谓"整顿"，就是指"顿即（立即）"整备，打造可以立即着手作业的生产现场。整顿的反义词是"变化无常（无稳）"。无稳多的工作岗位，不试着做就弄不懂，只变不稳。为了防止此类现象发生，"整顿"要从以下活动开始努力：

> 归置需要的"物品与信息"（确定规定的场所、摆放方法、标注方法），以便无论何人、无论何时都可以在需要的时候立即看得见、弄得懂、做得到。

"整顿"活动始于归置终于归置。至于实施整理、明确需要的物品与信息，则通过"整顿"完成。"整顿"是一种出主意想办法进行改善的活动，旨在打造准时制生产方式的工作岗位。不归置、不杜绝非正式员工和新入职员工找物品，就无法防止站前广场现象的蔓延。

Q:2 引入"整顿"怎样做好呢？

A:2 引入按以下步骤开展：

步骤1 设定整顿对象。确定把什么作为整顿的对象。

步骤2 确定摆放场所。基于整理，按照使用频度设定摆放场所。

步骤3 确定摆放方法。设定便于取出、便于放回的摆放方法。其要点是想方设法能够便于相关人员将物品放回原处。

步骤4 标注。在物品上和摆放场所进行标注，想方设法使得标注能够一目了然。

步骤5 准备整顿工具。5S办公室准备并迅速提供整顿工具。

步骤6 确定整顿日程安排与各自分担的任务。确定日程安排与各自分担的任务，并开始实施。

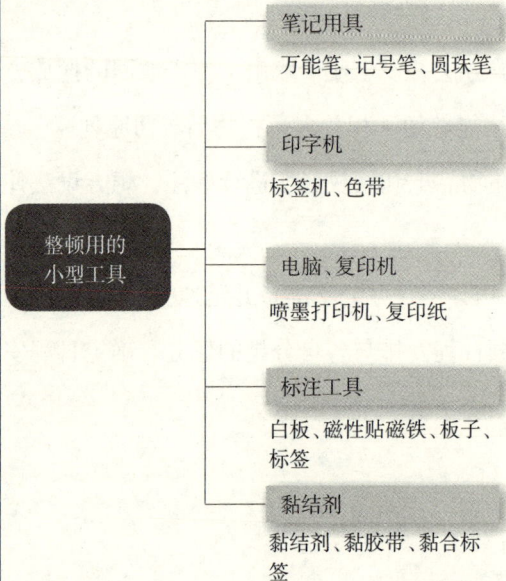

"整顿"用的工具

整顿用的小型工具

整顿用的
小型工具

- **笔记用具**
  万能笔、记号笔、圆珠笔

- **印字机**
  标签机、色带

- **电脑、复印机**
  喷墨打印机、复印纸

- **标注工具**
  白板、磁性贴磁铁、板子、标签

- **黏结剂**
  黏结剂、黏胶带、黏合标签

工具管理板

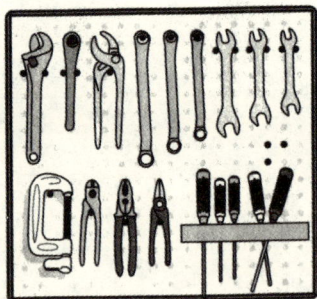

生产管理板

品种	时间	计划数	实际数	差异
ABC	9:00	100	80	−20 (20)

图2-2

SECTION❼

"清扫"的方法

"清扫"应该做什么、怎样做

Q：1 **"清扫"做什么？**

A：1 所谓"清扫"，并非仅意味着扫除。在"纯正5S"中，所谓"清扫"，就是指打"扫（擦洗）"工作岗位，让它变"清洁（干净）"。"打扫"与"擦洗"是同义词。清扫的反义词是"浪费（无益）"。浪费不但不产生附加价值，反而会造成偷工与墨守成规，有问题不解决而是往后拖。为了防止此类现象发生，现将"清扫"定义如下：

> 所谓"清扫"，就是指清扫、检查所加工物品与信息的结果，追查发生污垢和问题的原因，以通过快善进行擦洗，打造不断进步的体制。

通过"清扫"，连派遣员工也调动起来，以打造全员参与、可持久实践的工作岗位体制。"清扫"首先从全员参与的扫除活动开始，接下来追查产生污垢的原因，实践切断产生问题源头的活动。

Q：2 **引入"清扫"怎样做好呢？**

A：2 引入按以下步骤开展：

步骤 1 实施扫除。处理不需要的物品后，清除显露出来的污垢，它们都是长年积累形成的。

步骤 2 查明污垢产生源。查明大面积污垢的产生源。

步骤 3 确定清扫方法。编制"清扫规则表"与"5S 清扫分担检查表"。

步骤 4 整备清扫工具。备齐全员所需的清扫工具，准备全员参与的清扫活动。

步骤 5 全员参与实施。全员参与实施清扫。

步骤 6 实施污垢产生源对策。查明污垢产生源，实施防止污垢对策。

步骤 7 通过快善活动消除浪费。通过清扫活动，切断污垢源和问题源，实施消除浪费快善。

表2-5

"清扫"的工具

清扫规则表

清扫规则表(工作岗位名称：　　　　)

1. 各5S成员根据清扫规则表，在工作时间内高效地把分担清扫的场所打扫干净，以让工作岗位清洁如新。
2. 日清扫：开始上班时实施7分钟。
   周清扫：每周五从16:00开始实施15分钟。
   月清扫：每月第4周的星期三从16:00开始实施20分钟。
3. 日清扫：擦拭地面、擦拭工作台面、用拖把擦洗地面、倒垃圾、简单地擦拭机器和工具、擦拭办公桌等。
   周清扫：清除蜘蛛网、擦拭管灯、清扫机器下方、擦拭电脑、污垢显眼的地方等。
   月清扫：擦拭机器上方和拐角处、清除地面和天花板的污垢、擦拭窗户和扶手、清除办公桌和衣帽柜以及门上的污垢等。

5S清扫分担检查表

5S清扫分担检查表　(工作岗位名称：　　　　)(　　年　　　月)

种类	清扫场所	经办人	实施时间	清扫工具	1	2	3	4	5	6	7	8	9	10	20	21	22	23	24	25	26	27	28	29	30	31
日清扫																										
周清扫																										
月清扫																										

SECTION❽

"清洁" 应该做什么、怎样做

Q：1 "清洁" 做什么？

A：1 所谓 "清洁"，并非仅意味着打扫干净的活动。在 "纯正5S" 中，所谓 "清洁"，就是指以纯 "洁" 的心果断地实施 "纯正5S"，让工作岗位变 "清洁（干净）"。最早的时候，"纯正5S" 并没有 "清洁" 活动，为什么后来把它放到第4位呢？那是因为在 "纯正5S" 活动中，最困难的就是把整理、整顿、清扫作为工作的一部分每天坚持贯彻落实的缘故。在很多企业中，虽说正在实施5S，但事实上却是一种美化运动，只不过仅做做扫除与收拾而已。"清洁" 定义如下：

> 所谓 "清洁"，就是指把整理、整顿、清扫作为工作的一部分，每天坚持贯彻落实，无论何人、无论何时看都整洁如新，维护并快善没有无理、无稳、浪费的工作岗位。

"清洁" 的反义词是 "不洁"。无法坚持贯彻 "纯正5S" 的工作岗位，一定是不愉快的体制，满处污垢，毫无生气。5S混乱是代表工作岗位混乱、作业混乱的信号。一天不做，就拖延成两天、三天，无异于给 "纯正5S" 熄火。其结果必定是投诉与作业失误频发，工作岗位的无理、无稳、浪费增加。

Q:2 **"清洁"怎样做为好呢？**

A:2 实施以下活动，以让清洁扎根。

①设定 5S 时间（每次 10 分钟左右）并坚持实施下去，以便全员参与实施 5S 活动。

②应用 5S 检查用检查表，通过 5S 巡查发现工作岗位的问题和混乱。

③通过 5S 工作岗位会议，听取工作岗位的意见和建议。

④推进委员带头实施 5S，做推进 5S 活动的榜样。

表2-6

"清洁"的工具							
5S 检查用检查表							
对象工作岗位		检查人			检查日期		年 月 日
分类	检查项目			评分			（检查过程中注意的要点）
整理	①工作岗位是否有不明物品？	5	4	3	2	1	
	②是否有不需要的零件、材料、半成品？						
	③是否有不需要的工具、夹具？						
	④是否有不需要的不合格品、样品？						
	⑤是否有不需要的箱子和容器？						
整顿	⑥文具之类归置了吗？						
	⑦文件的书脊朝外了吗？						
	⑧不合格品、样品归置、标注后摆放好了吗？						
	⑨工作用工具摆放得便于取出并做标注了吗？						
	⑩物品摆放得好找吗？						

分类	检查项目	评分				(检查过程中注意的要点)
清扫	⑪工作岗位是否有垃圾、灰尘?					
	⑫办公桌和OA设备周边清扫了吗?					
	⑬按清扫规则实施了吗?					
	⑭污垢产生源对策实施了吗?					
清洁	⑮工作岗位卫生清洁吗?					
	⑯维持了整洁的工作岗位吗?					
素养	⑰清洁的定期检查实施了吗?					
	⑱工作岗位规则明确了吗?					
	⑲5S活动定期实施了吗?					
	⑳工作岗位全员问候活动实施了吗?					
	小计					分数合计:
对策						

注: 评分标准: 完善 =5 分, 需要改善 =3 分。5 个阶段总分数低于 60 分时, 必须采取对策。

SECTION❾

"素养"应该做什么、怎样做

Q:1 **"素养"做什么？**

A:1 所谓"素养"，并非仅意味着教礼仪。"素养"在日语中是用汉字"躾"来表达的。在"纯正5S"中，所谓"素养"，按日语汉字"躾"的字面意思解释，就是让规则、礼仪深入"身"心，从而能够自然而然地以优"美"的行为执行规则。不少工作岗位派遣员工增多，"素养"不能贯彻落实下去，从而导致作业失误和投诉。为了防止此类现象发生，贯彻落实"素养"已成为工厂生存的重要课题。"素养"定义如下：

> 所谓"素养"，就是指贯彻落实并让员工掌握工作岗位规则（5S规则、工作岗位纪律、作业标准），进而把"人员培训"、培养人才进行下去。

"素养"的反义词是"放任"。开展人员培训活动，认真地教育训练作业人员，使他们确实能够完成规定作业，这就是"素养"的目的。

Q:2 **"素养"怎样做好呢？**

A:2 近年来，教育现场崩溃、家庭崩溃已成为社会问题。关键问题是"素养"正在从社会、学校、家庭消失。所以，因新入职员工和派遣员工缺乏常识的行为，使得工作岗位被卷进麻烦中的事件与日俱增。为了防止此类现象发生，要引入"素养"，实施以下的"WSKX"：

步骤 1 W 问候运动。使用礼貌用语相互问候。

步骤 2 S 守时运动。按照规定的时间开始、结束 5S 活动。

步骤 3 K 考虑运动。出主意想办法，实施快善。

步骤 4 X 三现主义。基于现场、现货、现实行动。

步骤 5 对工作岗位规则的指导。对全员进行工作岗位规则的指导。

步骤 6 观察实施情况与重新指导。观察实施情况，必要时重新指导。

表2-7

"素养"的工具

[W・S・K・X]运动

"纯正5S"中的"素养",实施"W・S・K・X"是根本,让工作岗位全体职工有干头。

W＝问候

· 必须通过"您・多・告・真"运动,打造可以快快乐乐地相互问候的工作岗位。所谓"您・多・告・真",就是指工作岗位的基本礼貌用语。为了让工作岗位全体职工可以认认真真地"问候",需要工作岗位全员共同努力。不能"问候"的工作岗位就不可能默契。必要时,全员开展问候运动,务必把以下的"您・多・告・真"说出来:

您早 多谢 告辞 真对不起

· 不提出意见和建议的工作岗位,不会提出新的挑战,也不会开展工作岗位的快善活动。让员工提出意见和建议,就可以具有提出意见的问题意识,以便提出自己的看法。

S＝时间、时刻

· 养成守时的习惯,按时召开"5S会议"、按时拿出办法结束会议。

K＝考虑、快善

· 工作岗位全员自觉地把目标设定为"勤于思考主动行动的人"。

· 把突然想到的想法转变成快善的创意,基于"5S实施计划表",致力于在工作时间内实施快善。

X＝现场、现货、现实(三现主义)

· 以现场、现货、现实为基准,努力让行动更加精准。

· 为此,全员参与共同努力,以便能够基于三现主义发现工作岗位问题,开展快善活动。

SECTION ❿

要利用"纯正5S"让办公室问题"可视化"

Q:1 为什么办公室的问题可以利用"纯正5S"进行快善？

A:1 只有利用"纯正5S"，才能使办公室的业务与问题"可视化"。与生产现场加工物品相同，虽然办公室工作（办公室管理间接业务）是"加工信息的作业"，但事实上很多人都错认为办公室在干特殊的业务，于是出现了以下症结：

①作业水平低也不知道。

②作业没有开展时间管理。

③与快善无关。

办公室工作必须理解成"事务性作业"。因此，为了把办公室的问题"可视化"，必须引入"纯正5S"。

Q:2 办公室的"纯正5S"做什么、怎样推行好？

A:2 办公室工作与生产现场工作岗位不同，是一种什么事情、到底怎样了全都看不见的工作岗位，这种情况难以推行快善。而且，办公室无法使用派遣员工，成了工厂实施"纯正5S"活动的抵抗势力。因此，必须引入"纯正5S"，按照以下步骤，致力于办公室工作的"可视化"：

①整理。根据最简就是最好原则处理办公室不需要的物品，并改革意识。

②整顿。引入办公桌桌面与抽屉的归置、归档机制。

③清扫。制定办公室清扫基准，实施全员参与的清扫活动。

④清洁。利用工作岗位会议与5S检查表进行工作岗位巡查以发现问题。

⑤素养。通过办公室的"W·S·K·X"运动，改变全员意识，并对工作岗位规则进行指导。

办公室的5S工具

办公室的"可视化"

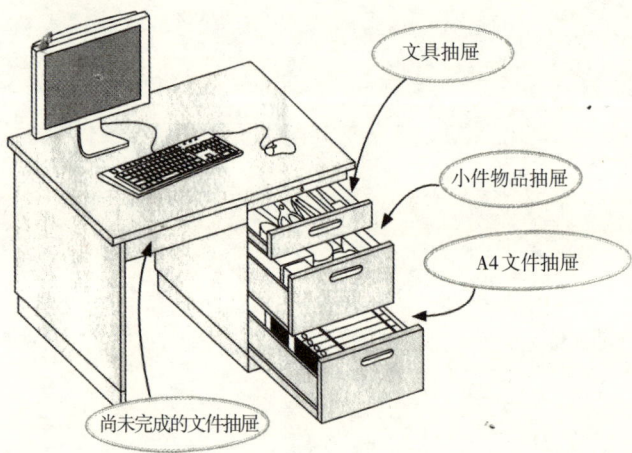

办公室的问题一目了然

归档的可视化

业务日程表

文具抽屉

小件物品抽屉

A4文件抽屉

尚未完成的文件抽屉

图2-3

SECTION⓫

快善活动的激活
要利用"纯正 5S"激活工厂的快善活动

Q：1 目前所需的改善活动应该做什么、怎样做？

A：1 目前，生产现场所需要的改善活动，其根本在于趁着工作岗位的浪费与问题还处于萌芽时期予以察觉，查明它们的原因，切断浪费和问题的源头。现在，生产现场派遣员工和新入职员工增多，站前广场现象有蔓延趋势，每天的改善活动就承担了重要的任务。在这个意义下，要把当前改善活动的目的锁定在快善（打造对作业人员而言有干头、舒适的工作岗位活动）上，而并非改善本身。

Q：2 利用"纯正 5S"进行快善时使用什么工具？

A：2 对每天在生产过程中发生的浪费和问题进行快善的活动，其根本在于"纯正 5S"。为了从 5S 活动中获得快善的效果，特别有效的快善工具就是以下 3 个要素：

①5S 检查用检查表。5S 检查用检查表是在 5S 巡查时发现现场问题的工具。根据三现主义定期巡回检查生产现场，按照5S 检查表的检查项目，发现无理、无稳、浪费和问题，并考虑

是否有快善方法。

②5S快善展开表。考虑怎样通过5S活动进行快善，把由5S巡查和5S工作岗位会议所发现的问题"可视化"，这样的工具就是5S快善展开表。应用5S的各种手段，可以对很多工作岗位的问题进行快善。

③5S实施计划表。把利用5S快善展开表明确的5S活动作为工作的一部分进行实践的工具就是5S实施计划表。要在工作时间内，由推进委员带头，全员参与实践。实施的事项应预先确定实施日期，当天由推进委员确保实施时间，如果已经实施，则在实际栏内填入箭头。

表2–8

由5S快善展开表展开为5S实施计划表的方法
如果由工作岗位的5S巡查和5S工作岗位会议发现了问题，则利用"5S快善展开表"明确其内容。 快善方法是在展开表中利用某种5S方法进一步确定具体的快善方法与内容和分担的任务。 把其结果作为1个月的实施计划填入"5S实施计划表"中。 此时，可具体地表明在哪里做、谁做、做什么、怎样做。各经办人如果按照计划实施了，则填入红色箭头。5S领导必须一边确认实施结果，一边对未填箭头的成员予以指导和支持，帮助其实施计划。

表 2-9

5S 快善展开表					
[编制: 5S 委员会] [编制日期: 年 月 日] (1/1)					
No.	症结 (填写具体有什么问题)	快善的关键 (利用 5S 的方法填写具体改善方法)	5S 方法	经办人	期限
1	文具的订购数量不明	粘贴订购数量卡、设定经办人	整顿		
2	未遵守归档规则	确认归档规则、召开说明会	归档		
3	未遵守抽屉的最简就是最好原则	通过 5S 巡查指出	整理		
4	文件未迅速归档	5S 委员下班时检查办公桌桌面上的文件整理情况并公布结果	归档		
5	传票类的保管场所不明确	设置并标注传票保管场所	整顿		
6	办公室未能每天清扫	重新利用清扫分担检查表	清扫		
7	服装比以前邋遢	5S 委员坚持公布服装奖励情况并在 5S 会议上传达	素养		
8	未定期召开 5S 会议	改善 5S 会议召开方法、事先传达召开当天的主题(事先确定讨论的主题)	素养		

注: 1. 症结通过现场观察和利用 5S 检查用检查表等具体地掌握。
　　2. 5S 方法栏填写整理、整顿、清扫、清洁、素养、归档中的任意一个术语。

表 2-10

5S实施计划表

<u>　　　　月份</u>　5S实施计划表

[推进体制]

推进区名称	工作岗位名称	人员	5S委员	5S领导	成员
A-2	制造科	8	笹川科长	坂田主任	山田、铃木、中森、吉泽、中田、

No.	在哪里做（场所）	做什么（物）	什么人做（成员）		1	2	3	4	5	6	7	8
1	零件保管场所	标注零件保管场所	山田铃木	计划					◀----------▶			
				实际								
2	半成品存放区	标注半成品标准储备量	坂田主任	计划								◀
				实际								
3	工具存放区	编制、张贴工具取出卡	中森吉泽	计划								
				实际								
4	作业现场	调查不需要的物品、防止再发生对策	坂田主任	计划					◀----------▶			
				实际								
5	机器周围	清扫分担检查表、巡查	中田大泽	计划	◀----▶							
				实际								
6	不需要的物品存放区	标注不需要的物品存放区	中森中田	计划							◀----	
				实际								
7	制造现场	让全员了解5S规则	笹川科长	计划								◀-
				实际								
8	制造科	5S会议召开方法的快善与定期召开	坂田主任	计划	◀----▶							
				实际								
				计划								
				实际								
				计划								
				实际								

注：计划要用虚线（------）标注，实际要用实线（——）标注。

066

☑整理　☑整顿　☑清扫　☑清洁　☑素养　[　　年　月　日]

5S委员	领导	制表
笹川	坂田	坂田

实施计划																						
9	10	11	12	13	14	15	16	17	18	19	20	21	22	23	24	25	26	27	28	29	30	31

SECTION⓬

厂长常见苦恼 Q&A
【"纯正 5S"篇】

Q:1 此前，以整理与清扫为中心实施了 5S 活动，但是什么效果也没有。为什么会这样呢？

A:1 5S 通常都是以整理、整顿、清扫，即 3S 为中心实施，再加上整理成为丢弃的活动，整顿成为摆放整齐的活动，清扫成为扫除的活动，其结果得到的就仅仅是这样的生产现场，即清洁的工作岗位比一般的工作岗位稍稍干净一些。遗憾的是，可以说贵公司所搞的 5S 只不过就是上述活动而已。但是，5S 所具有的可能性，并非那么肤浅。世界第一精益制造企业丰田汽车，采用丰田式 5S 消除生产现场的浪费，维持培育员工的企业体制，这竟然不为大众所知。丰田原创的"纯正 5S"是在时代转换期员工进步、消除浪费的活动。笔者希望您重读一遍本章的说明，一定要致力于"纯正 5S"，把它用于工厂生存。

Q:2 我一直把 5S 理解成是以作业人员为主推动的活动，采用"纯正 5S"为什么厂长必须带头推动呢？

A：2 "纯正5S"是防止发生站前广场现象的活动，以免放任生产现场不管不问。过去的5S，很多企业采用以扫除与整理为中心的方法，或许交给作业人员去做就行了。但是，不改革生产现场、不打造缺乏经验的作业者在短期内进步的现场、不打造没有伪装与隐瞒的工作岗位、不打造消除浪费产生利润的工作岗位，就无法作为精益制造工厂生存下去。"纯正5S"是以此为目标全员参与的运动。因此，不以厂长与管理人员为中心推动就无法实现。务必请以自上而下的方式推进。

Q：3 引入"纯正5S"时，听说需由管理人员（部长、科长）负责推进。为什么部长、科长有责任推进呢？

A：3 管理人员的职责是什么呢？所谓管理人员的职责，就在于做工作岗位的业务计划，做业务管理，消除工作岗位的浪费以让顾客满意，打造盈利的工作岗位。所以，推进"纯正5S"时，让5S活动持续下去并产生效果的负责人是管理人员。因此，在"纯正5S"活动中，推进5S活动的原动力即管理人员有责任作为推进委员带头实施。推进委员的主要任务就在于支持负责实施的5S团队，激活5S活动并开展下去。引入"纯正5S"成功与否，说是取决于推进委员的热情与努力也不为过。

Q：4 听说"纯正5S"的原则是在工作时间内活动。但是，将其纳入每天繁忙的工作时间实在困难，无论如何也是在空闲时间或加班时间才好安排。怎样做才能够在工作时间内活动？

A：4 本书第 9 章将会介绍，生产现场到处都是无理、无稳、浪费。"纯正 5S"的目的在于通过消除无理、无稳、浪费，打造全体员工能够"简便地、迅速地、确实地"实施作业的工作岗位。因此，在工作时间内活动就是原则。越忙"纯正 5S"越能发挥作用。必须设定全员参与的 5S 时间，每天 1 次，每次 10分钟左右。

Q：5 我厂积极推进改善活动多年了。但是，最近派遣员工和年轻员工增多，因而改善活动正在消失。听说"纯正 5S"是激活改善的活动，具体应该做什么、怎样做好？

A：5 以往的改善活动，以正式员工为主体，就能产生相应的效果。但是，非正式员工为主体的生产现场，作业人员缺乏经验，作业失误和问题频发，改善活动正在消失。因此，改善活动要调整到快善（打造对作业人员而言有干头、舒适的工作岗位）活动上。采用"纯正 5S"，应用工作岗位会议和 5S 巡查，先行一步发现生产现场的问题，使问题还处于萌芽状态时就得到解决。请通过这些快善活动激活工作岗位。

第 **3** 章

要通过标准化推进针对非正式员工实施的短期人员培训活动

【标准化与人员培训篇】

SECTION❶

不对非正式员工进行短期培养就无法生存

【实例研究】

▲生产现场的问题与厂长的苦恼

[实例1"放任缺乏经验的作业者"]

最近，T公司的生产现场，因派遣员工和新入职年轻员工增多，所以作业失误和交货延误甚至投诉频发。而且，还有问题频发的趋势，发生的问题层次之低以往连想都想不到。T公司的佐野厂长想起往事，此前自己工厂质量不合格很少，在本公司下属各工厂中属于佼佼者，曾多次作为质量优秀工厂受到表彰。实在搞不清楚以往厂长带头构筑的质量保证水平怎样演变成今天的结局。

佐野厂长最近观察了生产现场作业情况，最显眼的是陌生的作业人员动作笨拙地在作业，很难见到以往熟手那种麻利劲儿。叫来制造科长，问他缺乏经验的作业人员根据什么作业，科长支支吾吾答不上来。再问制造科的一位股长是否有必要给缺乏经验的作业人员提供一份他们能够理解的作业标准书，股长同样也是含糊其辞，说不清楚。再一追问，就回答说：自己没有作业标准书什么的，也依然做出了好产品。因此，现在提这个，太忙没法搞。怎样做才可以编写出缺乏经验的作业者也能理解的作业标准书呢？佐野厂长每天都为这个问题而苦恼。

▲生产现场的问题与厂长的苦恼

[实例2"未对作业人员进行指导！"]

最近，佐野厂长看了质量保证科编写的防止投诉和质量不合格再发生对策书，他的心情越发沉重。那是因为质量不合格的原因越来越多地记述为"当事人不够注意、疏忽失误、不留神"的缘故。这种理由是最近投诉和质量不合格频发的真正原因吗？目前，生产现场作业人员主体逐渐由派遣员工取代，事实上派遣员工总数占全体作业人员比例超过五成。这样一来，不对缺乏经验的作业人员进行培养、指导，就无法进行名副其实的精益制造，这无论谁想也是理所当然的。但是，说到制造部门的管理、监督人员，也都因生产现场发生问题的善后处理而疲于应对。按照现在这样，无法跳出问题善后处理的怪圈。就不能设法对派遣员工进行指导、培养吗？佐野厂长每天都为这个问题而苦恼。

▲生产现场为什么变成这个样子了？问题的真正原因是什么？

日本的生产现场以下情况正在蔓延，导致最近生产现场发生问题：

①生产现场都是沿袭师父花好长时间带徒弟的习惯，没有在短期内培育派遣员工和新入职员工的经验。

②为了在短期内培养缺乏知识和经验的派遣员工，需要缺乏经验的作业人员也能够理解的作业标准书，但是却没有编写经验。

③没有在短期内培育无经验作业人员的经验，生产现场的管理、监督人员并不知道为了培养他们应该做什么、怎样做好。

不允许按照现在这样放任派遣员工和新入职员工而不对他们进行指导，否则会给工厂生存造成负面影响。

▲厂长怎样改变这样的生产现场？

老话说得好，精益制造就是人员培训。说到最近生产现场的实际情况，有为适应订单变动而一次性使用派遣员工的趋势。但是，这种方法在任何时候也不该通用。显然，没有人员培训，工厂就无法生存。厂长必须立即带头实施以下措施，刻不容缓：

---

①由厂长主导，管理、监督人员有组织地推动编写作业标准书。作业标准书要让派遣员工和新入职员工等缺乏经验的作业人员也能看得懂。
②对派遣员工进行指导是关乎工厂生死存亡的重要工作，这个观点厂长应明确表达出来，并推进这项工作。
③说明以下工作的重要性：一是打造对派遣员工进行指导的机制；二是管理、监督人员推进对派遣员工进行指导的工作。

第 3 章将具体介绍如何针对派遣员工和新入职员工编写作业标准书，以及如何有效地进行指导、培养。

SECTION❷

作业标准书的必要性
对新入职员工进行短期培养首先需要作业标准化

Q：1 目前，要重新进行作业标准化的理由是什么？

A：1 因为派遣员工增多，生产现场的体制恶化，所以生产现场作业人员的经验和诀窍正在失传，这些经验和诀窍都是长年积累下来的。越来越多的生产现场，不对没有生产现场经验和知识的作业人员进行教育训练，就让他们开始作业。在以派遣员工为主体的生产现场，急需为缺乏经验的派遣员工和新入职年轻员工实施"作业标准化"，刻不容缓。作业不进行标准化，就会因作业人员的不同而出现差异，据说仅对所发生不合格品善后处理所浪费的成本就是不合格品本身成本的 10 倍左右。

Q：2 为什么生产现场必须有作业标准书？

A：2 最近的趋势是，质量不合格频发，发生的问题层次之低前所未有，连成品检验项目中未包括的质量不合格类型都冒了出来，投诉案件增多。这样的不合格品交给客户，就会产生以下后果，导致订单减少或顾客流失：

①失去顾客的信任，退货，最糟糕时停止订货。

②修理不合格品或者提供代用品，造成成本增加。

③因发生不合格品，导致无法按期收回销售货款。

作业标准书本来就是生产现场不可或缺的手段，其原因如下：

①作业方法固定，减少因作业人员不同导致的差异。

②当作对新作业人员实施教育的教材。

③让作业人员尽快熟悉。

④现场监督人员指导作业人员时进行讲解的辅助手段。

⑤当作希望进行作业改善时的草稿。

⑥以文字形式保留企业的诀窍。

Q：3 编写作业标准书有哪些益处？

A：3 编写作业标准书并在现场使用，有以下益处，非其他方法所能比：

①使用作业标准书，现场监督人员更容易教作业人员如何工作。

②放在作业人员手边，忘记内容时可以再看一遍。

③作业步骤复杂时，可以看着作业标准书操作。

④企业可以确定最佳作业方法。

⑤可以以书面形式保存企业确定的方法。

⑥进行作业改善时所依据的资料，作业改善包括降低不合格率、缩短作业时间等。

⑦可以调查作业的经过和实际情况。

表3-1

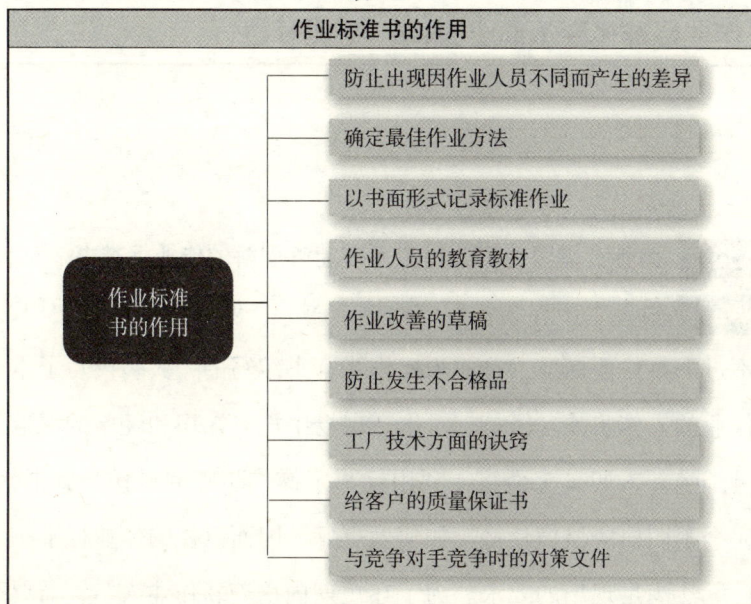

作业标准书的作用
防止出现因作业人员不同而产生的差异
确定最佳作业方法
以书面形式记录标准作业
作业人员的教育教材
作业改善的草稿
防止发生不合格品
工厂技术方面的诀窍
给客户的质量保证书
与竞争对手竞争时的对策文件

SECTION❸

作业标准化要从作业的 ABC 分类开始

Q:1 为什么需要对派遣员工而言能够理解的作业标准书？

A:1 很多生产现场备有作业标准书，作业人员一直在使用，不过那些作业标准书是作为操作步骤书编写的，大多仅写了本作业的操作步骤。但是，对生产现场中没有知识和经验的派遣员工、新入职员工而言，利用仅写了操作步骤的操作步骤书，完全不明白应该做什么、如何做更好，因而以往的作业标准书已无法满足现场的要求。为了在短期内培养新作业人员，需要从根本上重新修订以往的作业标准书。

Q:2 为了实施派遣员工可以理解的"作业标准化"，首先应该做什么？

A:2 生产现场派遣员工和新入职员工增多，在这样的生产现场，为了解决质量不合格和投诉频发这类问题应该怎样做呢？首先，必须对作业等级进行重新评估。把生产现场的作业分解为 ABC 共 3 级，与之配合进行作业标准化，这就是当前生产现场所需的处理措施。究其原因，是因为一分析现场的作业，就可以把作业等级分为如下 3 级的缘故：

A：**高级作业**

该等级的作业，通常需要类似于企业诀窍的高级技术和技能，即经多年积累可形成企业竞争力的重要技术和技能。有经验的员工与作业人员成为一体，这是一种企业竞争力，而高级作业就是应该作为这种竞争力而发展的作业。A 等级作业通常占工厂全部作业的 10% 左右。

B：**中级作业**

该等级的作业，通常要求经过 6 个月到 1 年左右（有的行业需要 3~6 个月）的实战与训练才能胜任。它要求有初级作业经验且能够应用后方可上手操作。可以看到有不少的派遣员工，只要有干劲和能力就完全可以胜任这个等级的作业。B 等级作业通常占工厂全部作业的 20% 左右。

C：**初级作业**

该等级的作业，通常在生产现场的作业量最多，这就是工厂的实际情况。虽然因行业种类和产品所要求的质量等级而异，但很多生产现场的实际情况是，工厂全部作业的 70% 左右由 C 等级构成。C 等级通常从开始上手作业起在 1~3 个月（事实上，1 个月以内即可掌握的作业很多）内即可掌握。要为派遣员工编写 C 等级的作业标准书，并抓紧对他们进行基本动作等的指导。但事实上，因为觉得 C 等级的作业简单谁都可以做，所以也不进行指导就把派遣员工放到生产现场，导致以往无法想象的低级失误频发。日本作业人员所具有的义务教育水平与理解能力高，才使得当今日本的精益制造达到了世界顶尖水平。因此，只要 C 等级作业的标准书写得通俗易懂，缺乏经验的作业者可以理解，并对其不断地进行指导，派遣员工就不会发生被投诉问题也不会制造不合格品。除非以现场领导为主编写 C 等级作业标准书，否则就无法解决派遣员工所造成的质量问题。

　　日本的生产现场，原来以有经验的正式员工作业人员为主进行生产活动，产品质量优异，很多工厂都没有编写内容让派遣员工能够明白的作业标准书，现在也不对既无经验又无知识的派遣员工进行指导就让他们作业，这种现象再也不能置之不理了。

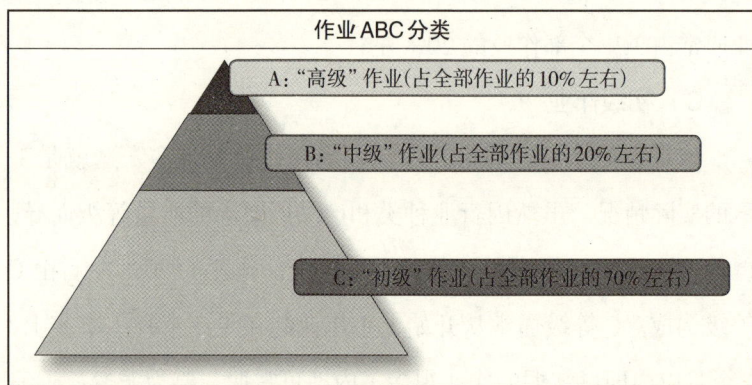

作业ABC分类
A："高级"作业(占全部作业的10%左右)
B："中级"作业(占全部作业的20%左右)
C："初级"作业(占全部作业的70%左右)

图3-1

SECTION❹

作业标准书的编写方法
非正式员工能够明白的作业标准书这样编写

Q : 1 面向非正式员工编写好作业标准书的要点是什么？

A : 1 作业标准书根据 ABC 分类分别编写，首先编写 C 等级用的。写好作业标准书的要点如下：

①表达简洁，通俗易懂，清晰明了。表达相同的事情尽量简洁，写得便于阅读，通俗易懂。以条目与短文（1句话在2行以内）的形式表达。详详细细地、絮絮叨叨地写个没完没了的文章，一看就懒得读下去。

②相比"读的"更需要"看的"。作业标准书由作业人员在生产现场阅读后记在心里，并把它体现在行动上，所以编写成"看的"，通过视觉记在心里后理解的速度更快。因此，尽量加进照片、图解、插图。而且，为照片添加必要的说明，远比啰啰唆唆的文章易懂。只有照片不配说明的案例很多，但对作业人员而言，意义不够明确，所以必须添加注释。

③要具体，不要抽象。要写具体的动作。例如，"把炉温调至80℃"是抽象的。写成"切换标度盘B，一边看着仪表D的刻度，一边调节阀门C，直至80℃"是具体的，可以学会作业

动作。

④从一开始就不要追求完整的内容。作业标准书经常更新，永远是半成品。能做到什么就要从什么地方开始写，并且要勤修订。

⑤写清楚准备和准备工序的方法。不详细写出准备和准备工序的方法，开始作业后就会找物品、返工。

⑥写清楚确认与收尾的方法。写清楚确认作业结果和收尾的方法。不这样的话，当天的作业就有可能做到一半，次日的作业也就无法立即开始。

表3-2

作业标准书实例				
作业标准书				
产品名称： 由作业指示书指定	产品编号： 由作业指示书指定		工序编号： 30	工序名称： 钻孔加工
使用材料和零件： 图纸指定材料、数量		使用机器、工具、夹具： 钻床、钻夹头、游标卡尺		
作业步骤		要点		
准备	①备好材料、钻头、夹头	①通过材料标识识别		
准备 工序	①检查使用材料	①确认材质、有无损伤、尺寸、数量后，排列到加工作业台上		
	②班前检查钻床	②使用班前检查用检查表		
	③检查图纸、加工标准书	③图纸与作业指示书的修订版本号应一致		
	④班前检查游标卡尺	④检查游标卡尺的校验标识		
	⑤上好指定钻头	⑤钻头应不晃、不斜		
正式 作业	①夹具与钻头对位	①对位时应不晃		
	②固定夹具	②为了安全，要摘下手套		
	③接通开关，把钻头插到工件中	③加工时，钻头应不偏		
确认	①采样(n=5)，测量尺寸	①目视检查图纸公差指定尺寸		
	②目视检查加工面的状态	②发现异常品时，应根据现场组长的指示处理		
收尾	①检查数量后，转到下一工序	①应在移动表上打对钩		
	②归还使用器具	②对使用器具进行功能检查		

年　月　日			次	年月日	变更内容	作业标准书编号	修订
批准	确认	编制	①	．．			
山田	林	佐藤	②	．．		○○ 株式会社	
			③	．．			

SECTION⑤

让新作业人员学习作业标准书的要点

Q:1 怎样让新作业人员学习作业标准书?

A:1 作业标准书是在短期内培养新作业人员的重要手段。要编写新作业人员也能理解的作业标准书,而且生产现场监督人员必须坚持进行日常指导,要有应用作业标准书的热情。平常在作业现场按以下方法使用作业标准书才有效果:

①早会时,监督人员发给作业人员,并说明当天的作业。如果前一天作业中存在缺陷、未按指示操作,则特意添加注意事项后再发给作业人员。

②作业期间总是放在作业人员手边。虽然听过说明以后大体上能记在心里,但是作业期间会忘记细节。必须放在手边,以便忘记后能够马上查阅。不这样做,大多数情况下就会不由自主地不再查看,仅凭着模糊的记忆进行作业,导致发生差错。

③作业完成后返还给监督人员。作业完成后返还给监督人员。哪怕次日继续做与今天相同的作业也要返还。次日早上,监督人员一边告知若干注意事项,一边直接把作业标准书直接

发给作业人员，这是根本问题。

④特定生产批量完成后存放到办公室。特定生产批量完成后存放到现场办公室。这是因为在此期间内容或许会有所变动的缘故。

Q：2 为了让作业人员应用作业标准书，监督人员负责任的行为是什么？

A：2 为了让作业人员在生产现场恰当地应用作业标准书，监督人员必须对新作业人员进行指导，这是监督人员既重要又负责任的行为。为此，要实施以下事项：

①让作业人员按照作业标准书作业。为了基于作业标准书制造合格产品，监督人员应该最关心是否在以适当的速度作业，并有责任在生产现场进行日常指导。

②强调只要遵守作业标准书规定就能减少作业结果的差异。只要遵守作业标准书的规定进行作业，就能减少差异，因而质量得以稳定，监督人员多强调这个概念指导作业人员。于是，作业人员便能够理解为什么要遵守作业标准书的规定。

③按照作业标准书作业后结果不理想就立即修订。事实上，在现场不按作业标准书所写的规定进行作业的情况很多。其原因是因为按照作业标准书作业就出不合格品，或者其他作业方法更容易操作而结果又相同的缘故。那样的话，就应该改善作业方法使得操作更容易，并据此把作业标准书修订后再使用。

④无论何时总是把最新版本放在现场。必须注意，无论何时总是要把最新版本放在现场。为了做好这项工作，各工作岗位要确定作业标准书的文件管理人员。

⑤现场发生问题时参照作业标准书调查原因。发生不合格品或工伤事故等问题时，首先调查现场是否有作业标准书，如果有就接着调查作业标准书是如何规定的、作业人员是否按照规定执行了。监督人员要进行指导，以使这种调查与行为成为生产现场的常态。

⑥把作业标准书放置到便于使用的地方。监督人员观察放置作业标准书的场所，选择那种作业人员希望马上看时就能看且便于取出的地方，把作业标准书放在那里。如果在手边的话，就不会偷懒而真正能够使用作业标准书。

Q:3 让作业标准书扎根的方法包括哪些？

A:3 让作业标准书扎根，以下方法是有效的：

①有的工作岗位形成了一种习惯，在早会上先起个头说"今天的作业是"，接下来让作业人员读作业标准书。于是，便把内容背下来，因而不合格率大幅降低。

②监督人员在早会上，把有关当天作业的作业标准书发给作业人员，并在作业期间放置在作业人员附近。作业完毕后，让作业人员返还给监督人员。

③对前一天发生不合格的作业人员，在早会上予以提醒。

④监督人员巡视工作岗位，发现作业与作业标准书不符时，立即对作业人员进行指导。

SECTION ❻

非正式员工的指导培养从工作岗位纪律指导开始

`Q:1` **据说新作业人员必须进行"培育"，为什么呢？**

`A:1` 派遣员工和年轻新入职员工进入工作岗位后，在短期内对作业人员进行培育就成为重要的管理事项。年轻新入职员工和派遣员工替代了有经验的老员工，即使他们没有经验，也不得不让他们从事相应的工作，因而不允许花时间等员工进步。如果不能在短期内胜任的话，别说按期交货，很可能连投诉都会无暇顾及，导致顾客流失。而且，工作岗位的纪律和常识遭到破坏的现象时有发生，生产现场越来越混乱。因此，必须在生产现场对缺乏经验的员工在短期内进行培育，否则就无法实现名副其实的精益制造。

`Q:2` **作业人员培养从什么开始好？**

`A:2` 最近，生产现场混乱现象频发，为了防止此类现象发生，首先必须反复教育派遣员工遵守工作岗位纪律。为此，有效的方法是在工作岗位内张贴工作岗位纪律，每天早上一人领读全员随诵。尽管如此，有的派遣员工依然不能随诵、不随诵、反复出现令人无法容忍的行为，这样的派遣员工直接警告当事人，警告后不改的，必须要求派遣原单位采取具体处理措施。这是因为不这样做的话，就连原来一直随诵的新入职员工和派遣员工也都不随诵了的缘故。

Q : 3　工作岗位纪律包括什么内容？

A : 3　所谓工作岗位纪律，就是指工作岗位全体作业人员必须遵守的生产现场规则。维持工作岗位纪律，是达到生产目标的根本。因此，必须反复教生产现场纪律，这样的纪律如表3-3所示。巡查生产现场时，发现违反纪律的行为就要当场警告。

表 3-3

工作岗位纪律实例
①作业时要认真 作业期间不得闲聊,要集中精力作业。
②根据作业标准书正确作业 作业前,务必发放作业标准书,作业期间犹豫不决时务必查看作业标准书,确认正确的作业内容。
③务必重新确认所指示的内容后再行动 无法理解作业指示内容时务必提问。理解不透一定不要作业。
④在被催促所指示的事项前 "报告" 完成或延误 作业指示的事项(做什么、做多少、何时完成)如果已经完成,则务必报告。特别是如果确定了比计划落后,则有义务提前报告。提前报告还有挽回的可能。
⑤发生不合格品和机械故障等问题(麻烦)立即联络上司 发生不合格品和机器故障等麻烦,如果不当场处理,情况就会进一步恶化。如果发生了麻烦,则立即联络现场组长,请示处理方法。
⑥工具、夹具、材料、零件等使用过的物品务必放回原位 为了在需要时立即开始需要的作业,需要的工夹具务必放回原位。因此,要养成把使用过的物品放回原位的习惯。
⑦遵守安全卫生方面的规则 说明怎样的行为会引发事故、安全卫生方面的义务是什么等规则,严格监督不遵守规则的作业人员。如果发生工伤事故,别说维持生产率,就连工厂生产也会停止,酿成重大事故。
⑧不在工作岗位内和通道上到处乱跑 很多作业人员满不在乎地在生产现场乱跑。乱跑不仅会扬起粉尘导致质量不合格,而且还会引发跌倒、碰伤事故。
⑨共同努力进行作业改善 作业改善是工厂发展进步的重要事项。在工厂工作的全体作业人员共同努力,积极地进行作业改善。

SECTION❼

作业指导的5步法

怎样对新作业人员进行作业指导

Q：1 请问做好新作业人员作业指导的要点是什么？

A：1 新作业人员的作业指导，根据以下要点实施：

①从基础作业指导开始。首先，从基础作业的指导入手，让新作业人员扎扎实实地掌握基础。

②让新作业人员有接受指导的精神准备。对新作业人员进行指导，让他们有积极接受而非被动接受指导的精神准备。

③培养时派指导人员。教育训练时，务必派指导人员让其进行指导。让新作业人员不明白时随便向谁请教都可以，这是甩手掌柜式指导。

④指导人员一对一地指导。确定指导人员，按照一对一的原则进行指导，以保持指导的连贯性。

⑤按照作业教学方法——5步法进行指导。按照5步法（表3-4）进行指导，以免形成闭门造车式的训练。

⑥人员培训有计划地实施。教育训练使用计划表有计划地实施。

⑦人员培训后进行评估。经过一定时间的训练后，评估技

能提高了多少。

Q:2 基础作业指导的内容包括什么？

A:2 无论哪种生产现场，尤其是在指导新作业人员时，都必须从基础作业的训练开始进行指导。基本作业的教材由监督人员和生产技术部门编写，并实施以下培养指导：

装配基础作业：

①零件的名称与使用方法。

②工具、夹具的名称与使用方法。

③测量仪器、仪表的名称与使用方法。

④作业标准书的查看方法与使用方法等。

机加工的基础作业

①安全作业

②机器设备的检查方法。

③机器设备的基本操作方法。

④加工材料的名称与种类。

⑤读图方法。

⑥作业标准书的查看方法、使用方法等。

作业教学方法——5步法	
第1步	**让学员准备** 作业教学前，发放作业标准书，让学员事先理解。有不明白的地方，让他们务必提问。
第2步	**实际做给学员看** 在生产现场，指导人员实际作业，把作业方法中的窍门和要领做给学员看。
第3步	**让学员做给指导人员看** 让作业人员本人试着实际作业。指导人员进行指导，让学员踏踏实实地学习，决不可急于求成。
第4步	**评估作业结果** 观察作业结果，首先表扬做得好的地方。人受到表扬就会鼓足干劲，更能够好好地学习。
第5步	**指出症结并予以指导** 观察作业后的结果，最初做得不好的地方有很多，但是要以质量方面的不足之处为主予以具体指导，告诉学员怎样做才能做好。

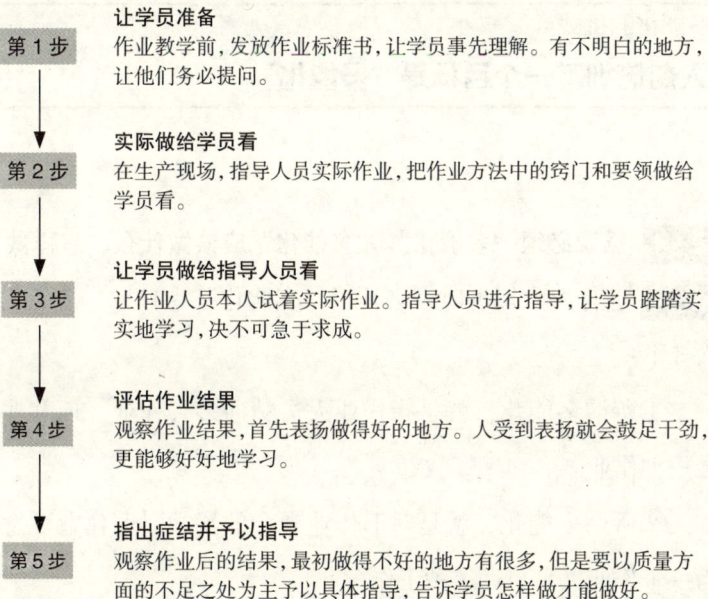

SECTION **❽**

人财培训下一个目标是"多能化"

Q:1 据说必须"多能化"。"多能化"应该做什么、怎样做？

A:1 进行人员培训时，必须以"多能化"为目标。多能化定义如下：

①所谓多能化，就是指作业人员精通多种作业，而并非仅会一种作业。

②所谓多能化，就是对旧作业观念的挑战，旧作业观念认为一个作业人员只做一种工作。

③通过培养多能化的作业人员，就可以在生产现场灵活调配人员。

Q:2 "多能化"的益处是什么？

A:2 多能化对个人而言有很多益处，具体如下：

①在经济环境不好的时候可以高效完成多种工作、有掌握新工作热情的作业人员，可以成为有价值的人。

②致力于多种作业，以消除作业墨守成规化现象。

③明确应该掌握的作业后，既可以设定挑战目标，又可以

提高作业积极性。

④作业范围广，可以从整体的观点上改善作业方法。

Q:3 据说"多能化"是工厂生存的重要课题，为什么呢？

A:3 为了适应市场变化生存下去，从以下观点考量，多能化已成为工厂的重要课题。

①为了适应最近订单变动情况，把作业人员从其他工作岗位借调到工作繁忙的工作岗位，调整人员部署，依然可以确保质量、生产率、作业时间。

②通过作业人员在其他工作岗位工作，推动工厂整体作业改善。

③通过利用多能化进行工作岗位配置，工作岗位可以形成良好的风气，即具有改善意识、成本意识、交货期意识。

④通过推动多能化，可以奠定一个基础，即能够进行单人生产和细胞式生产，大幅度提高生产率。

表 3-4

多能化用技能构成图表实例								
技能构成图表			（制表日期： ） （部门名称： ）				认证	制表
							中岛	
编号	作业名称	难易度	安藤	坂东	千叶	田中	中村	中岛	合计
1	绘图作业	L1	◎	◎	◎	○	△	△	4.7
2	剪切作业	L2	◎	◎	○	○	×	×	3.4
3	锤击作业	L1	◎	○	○	△	△	△	3.4
4	滚轧作业	L2	◎	◎	○	△	×	×	2.9
5	矫直作业	L2	◎	◎	○	○	○	△	4.9
6	卷边作业	L1	◎	◎	○	○	○	×	4.1
7	锉光作业	L2	◎	◎	○	△	△		3.7
8	模拉深作业	L1	◎	◎	○	○	×	×	3.4
9	热处理作业	L3	◎	◎	○	△	△	×	3.6
10	锡焊作业	L3	◎	◎	○	◎	○	△	4.9
11	电焊作业	L3	◎	◎	○	×	×		3.4
12	铆接作业	L2	◎	○	△	△	×	×	2.7
13	装配作业	L2	◎	◎	○	○	○	△	4.3
14	精加工作业	L2	◎	◎	○	○	×	×	3.1
15	涂装作业	L3	◎	◎	△	△	×	×	3.0
◎的数 × 1.0			15	8	3	1	0	0	27
○的数 × 0.7			0	4.9	7	6.3	2.8	0	21
△的数 × 0.5			0	0	1	2.5	2	2	7.5
×的数 × 0			0	0	0	0	0	0	0
多能化率＝ [(◎＋○＋△)/15]×100 (%)			个人别多能化率						工作岗位整体 的多能化率
			100	86	73	65	32	13	62

注: 1. ◎＝可以指导的水平，○＝能顶一个人的水平，△＝必须帮助的水平，×＝不能做。

2. 难易度分为 L1（C 等级）、L2（B 等级）、L3（A 等级）。

SECTION❾

用于引入多能化的技能构成图表
要应用技能构成图表推进多能化

Q:1 顺利推动"多能化"的重点项目是什么？

A:1 多能化不仅生产现场的作业人员需要，而且管理间接业务的办公现场也需要。本书未使用多能"工"这一称呼就是这个原因。办公现场的作业人员也要致力于多能化。为了把多能化引入工厂的各工作岗位，厂长与管理人员要带头实施以下基本事项：

①工作岗位的意识改革。厂长与管理人员必须具有挑战多能化的意识与行为，要求工作岗位全员多能化。

②应用技能构成图表。技能构成图表是一种基本工具，用于计测现场多能化水平，发现问题，确立技能提升目标。通过应用技能构成图表，可以设定教育训练程序以推进多能化。

③设定教育训练计划表。教育训练计划表是一种日程表，用来针对各个作业人员推进教育训练。

④使用教育训练教材。重新评估目前一直在做的作业内容，把作业标准化，标准化以后编写成作业标准书，作为培养教材

使用。

⑤确保教育训练时间。为了确实推动多能化，必须按照以下方法确保指导时间：

· 工作时间内在现场教学。

· 工作时间内在办公室教学。

· 加班时间教学。

· 通过轮岗作业，让学员多实践各种作业。

⑥对作业人员实施技能评估。评估教育训练后的结果和作业人员的技能。评估时，必须按质量与产量评估作业结果。质量以不合格发生率判定，产量以标准时间内生产个数判定。

⑦张贴到工作岗位。把技能构成图表张贴到工作岗位，让作业人员具有挑战意识。

Q：2 编制优质的技能构成图表的要点包括什么？

A：2 技能构成图表按以下要点编制：

▲技能构成图表的目的是什么？

①技能构成图表是作业人员所具有的实际作业能力一览表。

②技能构成图表是人员培训的工具，它用于评估现有作业人员能力、有计划地提高多能化水平以期引入多能化。

③可以表现出作业多能化水平。

④不仅可以表现出作业人员个人，也可以表现出工作岗位

整体的多能化水平。

▲技能构成图表的填表方法

①纵轴填写工作岗位主要作业名称，横轴填写作业人员姓名。作业名称旁填写 ABC 等级，以表示作业难易度（参阅第102页）。

②管理、监督人员共同努力，基于最近作业实际情况调查全体作业人员的作业执行能力，分为4个等级填入技能构成图表中（在技能构成图表中，把作业人员分为4个等级进行评估，即"◎＝可以指导的水平，○＝能顶一个人的水平，△＝必须帮助的水平，×＝不能做"）。

③核算每一项作业的多能化率与每个人的多能化率。

④作为全员技能水平的平均值，计算工作岗位整体的多能化率。

▲技能构成图表的使用方法

①通过明确全体作业人员的技能水平，可以明确教育和训练需求，例如：工作岗位中可以做哪种工作的人偏多一些？缺乏的能力可以补充点儿什么？哪种能力的人优先培育好？

②工作岗位整体多能化水平作为"多能化率"明确。

③为作业人员调配作业时，用于合理地判定能力。

▲应用技能构成图表方面的注意事项

①采用技能构成图表，可以把人员能力评估结果数字化，但事实上作业人员对此颇有抵触情绪。因此，管理和监督人员要在工作岗位向全体作业人员解释清楚，基于技能构成图表提升能力是企业得以生存的必要条件。

②编制技能构成图表务必与作业人员面谈，让其理解评估内容。

③有这样的案例，因为未及时修订技能构成图表，使得多能化的作用无法充分发挥出来。修订技能构成图表，训练完成、能力评估结束后要立即公布出来。

SECTION⑩

厂长苦恼问答

厂长常见苦恼 Q&A
【标准化与人员培训篇】

Q：1 我厂加工精密零件，即使没有特意编写过作业标准书等，也从未发生过重大投诉。但是，最近派遣员工也多，出现了不合格产品，在这样的工厂里，从哪些部分开始好呢？

A：1 很多生产现场以往不需要作业标准书等，加工物品靠"心有灵犀"这种微妙的感觉就行。但是，不允许花这么长的时间培育派遣员工和年轻新入职员工。因此，厂长首先要明白一个道理，即并非仅限于对于缺乏经验的作业人员当场指示，还要对新作业人员进行指导并让他们能够理解，否则就不可能生产出合格品。事实上，有些作业人员很有经验，不使用作业标准书也能做，他们并不能充分理解作业标准书的重要性。要参考本章内容，让他们对于作业标准书的必要性与优点有一个牢固的共识。而且，新作业人员发生作业失误时，不仅要改正，还要进行指导，告诉他们为什么会发生作业失误，为了防止再发生作业失误改成哪种作业方法为好，以让作业人员切切实实地提高技能。厂长要进行这样的意识改革：

Q：2 新派遣员工刚一到工厂上班，生产现场的管理、监督人员也不对他们进行训练就马上给他们安排作业，这种现象正在增多。或许是因为派遣员工有马上辞职的趋势的缘故。针对这种现状，采取什么措施好呢？

A：2 如果派遣员工更换频繁，生产现场就被困在一个不断循环的怪圈中，总是只有缺乏经验的作业者。为了防止此类现象发生，必须按照以下步骤对派遣员工进行指导：

步骤1 首先，说明公司的职务规定和工作岗位纪律。特别是工作岗位纪律，要以互动的方式让派遣员工理解其中的含义（到这里为止，总务部门负责即可）。

步骤2 让派遣员工参观工厂内部，说明生产现场的布置和物品流程（从这里开始，制造部门负责）。

步骤3 接下来，针对给派遣员工安排作业的生产现场基础性作业进行说明。此时，指导内容要让当事人记笔记，同时工具等给派遣员工看实物进行说明以便理解。

步骤4 说明实际上让当事人承担的作业。然后，确定生产现场负责指导的人员，按照教学方法——5步法进行指导，必要时不断地反复指导。

步骤5 过一段时间（1个月以内），监督人员与指导人员讨论、评估当事人的技能提高情况。并且，调查当事人对学习作业是怎样认识的。

Q：3 厂长给制造科长下达要致力于"多能化"的指示，但是

推进方面存在很多问题，难度大，怎么也推动不了，这真令人头痛。我想请教一下推进方面会存在什么问题与解决方案。

A:3 推进多能化时发生问题，这种情况很多，需要进行以下处理：

①生产效率暂时降低。安排作业时，派到指导人员附近，以把生产率降低控制在最小限度。

②缺乏熟手。通过使作业标准化，确保技能水平。

③缺乏教育用教材。作为多能化教育用教材，重新评估工作岗位现有的图纸和作业标准书的内容，修订后使用。

④培训负责指导的人员。以工作岗位领导、有指导力与热情的作业人员为主，先学习工作的教学方法。技术知识和产品知识等专门知识，则请设计科和技术科支援。

⑤指导时间安排方法。无论多忙也要考虑这是必需的时间，要有计划地确保时间。其中包括安排在加班时间与安排在工作时间。

⑥讨厌多能化的人。对讨厌多能化的人，要认清是因为任性，还是因为不适应。如果是任性，则严厉地告知这是公司的方针，不允许个人任意行事。

第**4**章

要通过"可视化"与沟通打造具有强大应变力的生产现场

SECTION❶

"可视化"与沟通

加强"可视化"与沟通

【实例研究】

▲生产现场的问题与厂长的苦恼

[实例1"看不见生产现场的问题"]

　　S公司的清水厂长，每天都在工厂现场巡回从不间断。从仓库到制造工序、现场办公室等巡回一个也不落下，发现问题便立即做记录，必要时叫来部门管理人员，分析原因并指示对策。但有时也心烦气躁，那是因为在生产现场不问就看不见问题的缘故。而且，尽管不仅厂长就连管理人员和监督人员也有责任实时地解决现场问题，但是在这种看不到问题的生产现场，到底能不能早期发现问题呢？

　　前几天，生产现场放着似乎是不合格的半成品没人管，问制造部门的佐藤股长，他说："调查后向您报告。"话音未落便离开了。傍晚，佐藤股长报告："因为质量不合格所以进行了修理，然后就出货了。"而且，上星期还发生了交货期延误，导致客户的生产线停工，清水厂长刚被客户叫去，受到严重警告。

当时，清水厂长被命令明确并报告防止今后再发生的对策。

今天，巡回装配工作岗位时，找町田股长询问情况，以确认生产工序是否延误，町田股长只回了一句："我先调查调查。"最近，总听到"可视化"这个词，但要是不打造看得见问题的生产现场，让相同的交货期延误再发生的话……清水厂长每天都为这个问题而苦恼。

▲生产现场的问题与厂长的苦恼

[实例2"缺乏沟通"]

最近，S公司的工厂派遣员工有增多的趋势，派遣员工正在成为生产现场作业人员的主力。有人说，在这种情况下，生产现场的工作岗位环境已经恶化。具体来说，就是工作岗位内人际关系正在恶化。前几天，有人向清水厂长报告，作业期间派遣员工之间起了纠纷，导致生产线停工。清水厂长把山本股长叫来问话才了解到实际情况，原来是派遣员工因为推卸责任，围绕着作业失误原因引起纷争。这也说明，最近同样的麻烦在生产现场频发。

即使是派遣员工之间，在工作岗位上也要不断地沟通，不互相帮助就无法完成生产目标，这是不言自明的。厂长问股长："那么，是否召开早会，下达作业指示以指导'报、联、商'了呢？"股长回答说："有时这样做。"其实科长未下达那样的指示。清水厂长再次强调了工作岗位沟通的重要性，但是指导活动具体怎样推行好，这个时候却茫然失措。

▲生产现场为什么变成这个样子了？问题的真正原因是什么？

最近，生产现场就像人们常说的"变种变量变人生产"那样，产品变化和订货量变化程度增大。而且，也有派遣员工和新入职员工等人员变化的影响。在这种情况下，生产现场的问题造成作业失误和交货期延误。正因为如此，才需要"可视化"以便能够及早发现问题，但是生产现场中没有明确的"可视化"措施。而且，作业人员雇用形式多样化，特别是非正式员工增多，在这种情况下，依然不是每天召开早会并给予指导，以让那些缺乏经验的作业人员也能明白。于是，作业人员有责任做的"报、联、商"也没人做了，工作岗位的问题就被隐瞒起来。

▲厂长怎样改变这样的生产现场？

置身激烈的竞争中，在"变种变量变人生产"的工厂需要为生存而努力的情况下，厂长要采取以下"可视化"与沟通的行动：

①向管理、监督人员说明以下行为的必要性，即否定以往看不见的工作岗位体制，打造可以及早发现生产现场作业问题和工序延误的工作岗位。
②没有沟通的工作岗位，伪装、隐瞒横行。因此，要求管理、监督人员一方面把早会贯彻下去，一方面让全体作业人员确实执行"报、联、商"。
③通过监督人员巡查工作岗位，让监督人员与作业人员沟通。

第4章将具体介绍如何推行厂长主导的"可视化"与"报、联、商"。

SECTION❷

"可视化"与沟通发挥作用的根据

`Q:1` 最近，我公司生产现场看不见实体的问题频发，正在苦思冥想如何处理。据说，致力于加强"可视化"与沟通很有效。为什么会有效？

`A:1` 目前，生产现场激变，加强"可视化"与沟通是生产现场应该努力去做的重要事项。只是因为推测对方应该明白而不努力加强"可视化"与沟通，作业人员搞伪装、隐瞒就有可能横行。必须加强"可视化"与沟通的原因如下：

①生产现场什么地方有什么都清清楚楚，派遣员工不做找物品这种"浪费"行为，可以实施所指示的作业。

②给新作业人员下达通俗易懂的作业指示，防止发生不知道、没听过的问题。

③可以养成作业人员"报、联、商"的习惯，能够先行一步掌握生产现场问题，并迅速处理。

④通过与作业人员密切沟通，加强作业人员指导工作，可以在短期内培养作业人员。

Q：2 据说日本的生产现场"可视化"与沟通很有效果，为什么呢？

A：2 日本的生产现场，以日语为中心把所需的信息"可视化"，就有可能防止生产现场的站前广场现象。究其原因，是因为日本的生产现场中日本人占绝大多数（外国作业人员比例目前是几个百分点）的缘故。笔者在做商务人士的时候，指导过欧美、东南亚各国和地区的生产现场，那时国外的生产现场聚集了多个国籍的打工者，语言也不通。相反，日本的生产现场有以下条件，"可视化"的效果相当明显：

①日本的派遣员工受教育水平高。日本人接受过良好的义务教育，每个人都具有较高的受教育水平，会写日语，会读报并能够理解其内容。因此，有"可视化"的基础，"可视化"利用了日本人共同的理解能力。

②可以采用日语进行"可视化"与沟通。利用日本人单一文化、单一民族这种有利条件，应用以日语为主体的信息，就有了全体作业人员可以理解的基础。

Q：3 据说"可视化"与沟通有科学依据。具体依据是什么？

A：3 所谓"可视化"，可以说是一种科学方法，它把人类的视觉与右脑的潜能结合起来，应用右脑所具有的图形蓄积能力与人类所具有的反射神经。使用"可视化"与不使用"可视化"时，人类保持记忆的程度是不同的，二者对比数据可参考图

4–1。由图 4–1 可知，相比仅靠嘴巴说做出指示的方式，采用看完理解的沟通方式，3 周后的记忆量有提高 9 倍以上的趋势。

虽然这只是参考数据，但由"可视化"与沟通的效果图可知，可以说在日本的生产现场的确存在这样一种趋势，即派遣员工已经开始能够在短期内确实理解、记住作业内容，并基于相关的记忆进行正确的作业。可见，"可视化"是一种有效的方法，能够在短期内培养缺乏经验和知识的派遣员工。

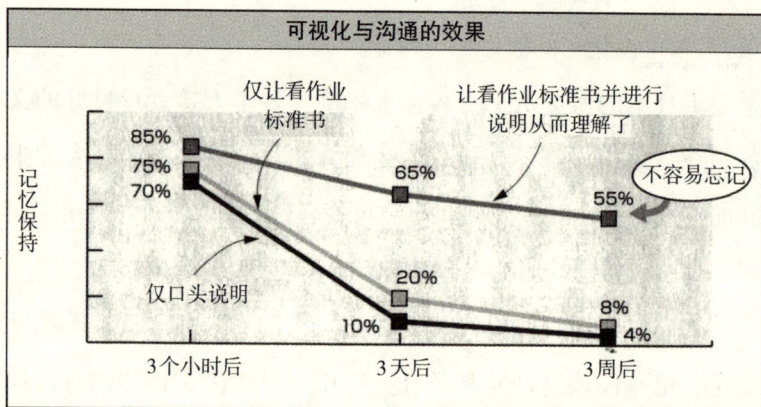

图 4–1

SECTION❸

打造"可视化"的机制

"可视化"要从"纯正 5S"开始

Q:1 生产现场的"可视化"应该做什么、怎样做？

A:1 生产现场"可视化"的对象各种各样，工作岗位非正式员工与年轻新员工增多，为了防止工作岗位站前广场现象蔓延，有效方法是打造"可视化"的机制。

①采用 5S 对物品与信息进行可视化。生产现场站前广场现象蔓延是因为存在这样的问题，即作业所需的物品与信息放在什么地方、如何识别全都看不见。针对这个问题，有效的方法是采用"纯正 5S"对物品与信息进行"可视化"（参阅第 2 章）。

②对作业学习进行可视化。基于作业标准化，"可视化"能够让作业人员在短期内学会作业（参阅第 3 章）。

③对生产现场的浪费与问题进行可视化。生产现场几乎每天都发生浪费与问题。通过应用管理板等进行"可视化"，可以防止发生浪费与出现问题。

④对作业指示进行可视化。为了把作业指示内容准确无误地传达给作业人员，有效的方法是应用"可视化"工具（参阅第 4 章）。

⑤对工序管理进行可视化。通过工序管理，根据时间进行作业工序进度管理，如果发生延误，则可以迅速实施挽回延误对策与防止再发生措施（参阅第 7 章）。

Q：2 采用"纯正 5S"进行"可视化"应该做什么、怎样做为好？

A：2 只有应用"纯正 5S"，生产现场才能依靠派遣员工把"可视化"活动开展下去。否则，派遣员工从事作业前反复做出无用的活动，诸如找物品、搬运物品、等待指示等，正式作业开始前就浪费了时间。采用"纯正 5S"进行生产现场"可视化"的内容，如表 4-1 所示。

表4-1

采用"纯正5S"进行"可视化"的实例

①整理的"可视化"（范例）

(a)编写不需要的物品基准书，以区分需要的物品与不需要的物品，根据不需要的物品基准书，给不需要的物品贴上红签，以便可以看懂是不需要的物品。
(b)在指示书中明确记载当天作业所需的材料和工夹具，以便可以看懂所需要的物品。
(c)使用红签处理生产现场不需要的物品，把不需要的物品从工作岗位清除出去，以防派遣员工用错物品。

②整顿的"可视化"（范例）

(a)确定工作岗位中所有物品的固定位置，确定摆放方法，在物品上和场所中做好标识。关于摆放方法，要确定便于放回原位的方法。
(b)给生产现场施划线，以便可以看懂搬运通道、作业场所、存放场所。
(c)绘制工作岗位整体配置地图，把每个工作岗位和每条生产线的标识安设在与作业人员眼睛等高的位置上，一目了然，无论何人都可以到达所需的场所。
(d)所有的物品与场所都做标识，一目了然，连不熟悉的作业人员也可以迅速找到所需物品，并确实放回到原位。
(e)在仓库，利用货架地图(标出哪个货架有什么的货架配置图)，可以看懂存放物品的货架，并正确、快速地进行出入库作业。
(f)用于作业的工夹具之类，画出图形(称为工具管理板)以看懂需要的工具，使用后确实放回到原位，可以消除找物品的浪费。

③素养的"可视化"（范例）

(a)张贴"工作岗位纪律"，让作业人员反复看着随诵，使其理解工作岗位纪律的重要性与工作岗位的规则。
(b)编写作业标准书，以作业标准书为作业规则，把它发给负责作业的人员，必要时让负责作业的人员反复看作业标准书学习。
(c)就工作岗位中发生的作业失误和工伤事故，以文字和照片的形式公布对策，让每个作业人员一看就知道应该做什么、不应该做什么。

SECTION❹

把"可视化"切实用于作业指示

Q:1 给缺乏经验的作业人员下达的作业指示需要包括哪些内容？

A:1 为了利用作业指示明确地向作业人员传达作业内容，要切实指示作业的基本事项。特别是对缺乏作业经验的派遣员工和新入职员工，必须通俗易懂地、具体地指示以下事项：

①作业准备事项。明确指示作业指示书、材料、零件、设备、作业标准、记录纸、记录方法等。

②当天的生产目标。明确指示当天生产多少个、生产到哪种程度、谁来完成、何时完成、在哪一条生产线上作业、生产日程表的时间怎样设定等。

③作业方法。利用图纸、规格明细书、QC 工序表、作业标准书、作业基准书等明确指示作业方法。

④安全作业方法。明确指示开始作业时、作业期间、作业完成后各阶段的安全注意事项、隐患实例等工伤事故相关注意事项。

⑤作业完成后的确认与清理。明确指示作业完成后确认产品质量的方法、清扫检查的方法、使用过的零件和工具归位地点。

⑥根据前一天的巡查进行指示。事先明确指示前一天现场巡查所发现的生产现场问题（麻烦）或问题前兆（如果置之不理就会发展成为麻烦的现象）及其解决方法、防止再发生对策。

Q：2 请问下达作业指示的方法及其特点有哪些？

A：2 作业指示包括以下几个方法，要把它们有效地组合起来实施：

①作业指示书。作业指示书是明确记载作业项目、作业时间的作业传票。作业人员根据作业指示书可以清楚地了解实施哪种作业、何时完成、加工多少个或加工到哪种程度，以明确当天的作业目标与具体的执行作业职责。而且，让作业人员在作业完成后把完成时间记录到作业指示书中，并收回作业指示书，就可以掌握产量、明确有没有超过作业时间和实际成本。

②生产实际情况管理板。生产实际情况管理板是一种管理用板，其使用方法是，把当天的生产计划逐小时填入管理板，作业时间一过就填写实际完成情况。生产实际情况管理板通常使用白板，放在生产现场，逐小时填写进度情况。于是，作业比计划落后时，实时地调查延误的原因，以期在作业完成之前采取挽回延误对策，从而可以按日程表完成生产目标。这种管

理方法称为"先行管理"。生产现场派遣员工增多，管理方面已开始需要捕捉延误征兆先发制人了，要把生产实际情况管理板作为工序管理的工具加以应用（参阅第7章）。

③告示板。指复制当天作业日程表预先在告示板上公布出来的方法。但是，采用这种方法难以掌握作业进度，字小看不清楚，不放大到3米开外能看得见的话，告示板就没有多大的效果。

④作业标准书、记录书。是一种文件，明确记载当天要实施作业的标准方法。它记述了作业步骤和要领，作业人员作业期间弄不明白时可以参考，能够防止因不甚理解而发生作业失误。在记录书上明确记载对当天的作业条件和作业结果进行确认的事项，可以得到防止质量不合格的效果。

⑤口头指示、备忘录。口头下达指示基本上是为指示事项做补充的，终归还是要把作业指示书和作业标准书发给作业人员。此外，传达前一天巡查时的注意事项、当天作业所发现的事项时，以口头的形式下达指示。为了以口头的形式准确地向派遣员工传达重要事项，让他们记笔记，忘了就再读一读，这样做也是有效果的。告诉他们，不要因不甚理解就作业而导致作业失误。

SECTION❺

"可视化"可以按照 3 个原则应用

Q：1 实施"可视化"时的要点是什么？

A：1 "可视化"没有预期那么有效的案例比比皆是，这是因为未按照以下3个原则行事以有效地实践"可视化"的缘故：

　　原则1　基于三现主义（现场、现货、现实），用自己的身体（足行、眼观、耳听）掌握生产现场变化的事实。

　　只有定期巡查现场，直接应用自己的身体（足行、眼观、耳听），才能发现生产现场的问题和变化的征兆。因此，发现了什么问题的话，就要立即直达生产现场。由于派遣员工激增，导致生产现场无理、无稳、浪费频发。消除这些问题和无理、无稳、浪费的实践行为就是"可视化"的基本目的。不根据三现主义捕捉现场、现货、现实，就无法掌握事实。没有始终贯彻三现主义、到生产现场走一走、正视生产现场的行为，就无法掌握一直充满变化的现场。

　　原则2　不是用 IT（手机、电脑、邮件），而是用人的五官与感性掌握问题及其前兆，甚至浪费的发生。

事实与信息是有区别的。事实是指实际发生的情况，而信息则是指报告结果，其中加入了对事实进行加工后的价值判断。因此，IT工具不是传达事实的手段，而仅仅是告知信息的工具，先清楚地认识到这一点至关重要。而且，根据某心理学家的研究成果，依靠文字信息传达，只不过可以传达应传达事实的7%。IT工具不是准确地传达事实的手段，而是操作信息用的手段，忘记这种本质，才会导致活力门和伪造抗震强度等操控信息的事件频发，这是众所周知的事实。笔者也不否定当今的互联网社会，感觉有必要应用IT以快速获取信息，并且一直在使用IT。但是，绝不能忘记，事实仅能够依靠人的五官（眼、耳、鼻、皮肤、舌）与感性（感觉到异常的能力）捕捉。因此，笔者每天都在努力锻炼实事求是地"观察"（捕捉事实背后真正原因的行为）的能力。加强"观察力"的方法，只有反复观察，让五官与感性更加敏锐，能够立即记录事实，并一直保持思考的习惯，除此之外别无他途。不自己亲自捕捉事实，而被他人的信息牵着鼻子走，这是要不得的。只有加强观察力，才能使实际发生的事实（问题及其征兆）"可视化"，才能发现问题与浪费。

原则3 开动脑筋出主意想办法，发掘问题与浪费的真正原因，拿出解决问题对策和改善对策，指示相关人员实施消除浪费的解决方案。

通过"观察"问题，明确发生问题的原因，而且备齐发掘问题真正原因的材料。这样一来，便可以基于所掌握的事实，把发生问题的真正原因发掘下去。问题的真正原因，可以采用"6M原因分析法"（参阅第8章）的方法进行分析，以拿出防止问题再发生对策。把那些结果填入"防止问题再发生可视化板"（表4-2）中，以便让大家看得见，从而可以指示有关人员采取必要的行动。

表4-2

No.	日期	发生的问题（按5W2H详细说明）	问题的真正原因（原因分析5次）	防止再发生和消除浪费对策	谁做	计划	实施效果	今后的水平展开

防止问题再发生可视化板

SECTION❻

养成"报、联、商"的习惯以加强沟通

Q:1 最近，听说"3会"有益于沟通，具体应该做什么、怎样做？

A:1 工作岗位的作业人员中派遣员工增多，在这种情况下，生产现场乱象频发。为了防止此类现象发生，加强工作岗位领导与作业人员之间的沟通就成了重要课题。缺乏作业所需知识与经验的作业人员，希望得到领导的指导。所谓指导，就是指领导给作业人员做出明确的作业指示，针对作业人员的每一个困惑都实时地进行指导。领导有无作业指示与指导，会左右生产现场的目标是否能够完成。因此，必须召开"早会""午会""晚会"（简称"3会"），并将它们作为指导的"场合"。要把"3会"列为带有以下目的的场合：

①早会是早上做出具体作业指示的场合。

②午会是让作业人员报告整个上午作业进度经过的场合。

③晚会是在下班时让作业人员报告早会上所指示的作业目标完成结果的场合。

对派遣员工不断增多的生产现场而言，早会、午会、晚会

至关重要，非召开不可。只有每天确实召开，才能够一边按计划维持生产目标，一边培养作业人员。召开"3 会"，可以更进一步打造无需对作业延误进行善后处理的生产现场。

Q：2 请问"报、联、商"具体应该做什么、怎样做？

A：2 所谓"报、联、商"，就是指"报告、联络、商量"。首先，必须让作业人员充分地理解"报、联、商"的字面意思：

①"报告"应该做什么、怎样做？让作业人员在被催促前就报告已下达作业指示的事项完成情况。特别是让作业人员在发生以下情况时事先报告：其一是延误程度严重赶不上计划时，其二是发生不加班就无法完成的事态时。也可以在现场口头报告，但是必须掌握未在作业指示时间完成的原因，并采取对策防止再次发生。

②"联络"应该做什么、怎样做？派遣员工在从事不熟悉的作业过程中，经常会发生各种问题，诸如作业失误、误操作机器设备、不清楚作业方法等。此时，首先要"联络"工作小组的领导，向领导请示。工作小组领导不在时，要火速联络有关人员（质量不合格时找检验负责人，机器设备发生故障时找机器设备负责人等）报告所发生的情况。接到报告的人要立即根据情况开始行动。收到通知的有关人员，不是依赖手机发号施令，而是要直接到报告的生产现场，根据三现主义（现场、现货、现实）确认问题，采取挽回对策，这是根本方法。

③"商量"应该做什么、怎样做？如何解决麻烦，由有关人员商量决定，不能由一部分人随意判定、行事。为了就现场所发生的问题制定防止再发生对策，必须相互"商量"。此时，即使工作小组领导与上司已事先讨论决定了对策，正式决定对策时，也要召集工作岗位成员，征求全体人员意见后再做决定，这样一来，自己决定的事情全员共同实施就更有可能了。作业人员怠慢时，就可以提醒他："自己参与决定的事情为什么不遵守呢？"

④处理异常事态时特别需要"报、联、商"。发生质量不合格、机械故障或工伤事故等时，特别需要实施"报、联、商"。生产工序相互关联，制定处理异常事态和防止再发生对策，需要对问题的准确内容进行"联络""商量"以防止再发生。

⑤指导"报、联、商"的现场领导有什么职责？

·工作小组领导不听"报告"就不清楚，所以必须让作业人员报告。

·接到"联络"消息的有关人员根据三现主义直接到现场。

·工作小组领导让作业人员把"报、联、商"的行为"养成习惯"。

SECTION❼

应用“3会”加强先行一步解决问题与人员培训

Q：1 可以理解“早会”对生产现场而言至关重要，那么实际上有怎样的效果呢？

A：1 早会在“3会”中是最重要的。提到早会，一般都会想起学生时代召集全班同学开的早班会，但是生产现场早会的内容与之差异很大。早会可定义如下：

> 早会是早上沟通的场合，其中沟通指班前在工作岗位召集工作小组全员进行问候、由领导下达作业指示等。

每天的早会对当前的生产现场至关重要，非召开不可，它能够达到以下目的：

①传达工作岗位重要信息。

②给全员下达当天的生产日程表。

③明确指示每一个作业人员应该做的工作。

④领导观察作业人员，关注健康情况和有无干劲。

⑤对作业人员的症结进行指导和教育。

⑥给作业人员提问不明事项和提出建设性意见的机会。

Q:2 午会与晚会以前没有怎么听说，其目的是什么？

A:2 午会与晚会的共同目的在于确实完成每天的生产目标、进行人员培训。二者不同的目的如下：

▲午会

早会后下一个要召开的就是午会。午会在 1 天工作周期的中段，通常在午休结束后下午上班时召开，所以称为午会。午会的定义如下：

> 是下午上班前沟通的场合，其中沟通指召集小组全员报告整个上午的作业进度情况。

有时可以见到召开早会与晚会的生产现场，但召开午会的工作岗位还几乎没有。目前，生产现场派遣员工增多，午会已成为一种新的管理事项，旨在完成生产目标。其原因如下：

①派遣员工和新入职员工经验少，工作岗位有这些人，即使在早会上下达作业指示，在晚会上确认结果，也依然无法按照指示完成生产目标，这样的案例频发。

②让作业人员在 1 天的中段报告作业的进度情况，可以利用下午的时间段采取挽回延误对策，并对作业人员进行指导。

③在今后派遣员工增加的情况下，通过在生产现场进行指导，可以在短期内培养作业人员。

▲晚会

1天当中最后召开的就是晚会。晚会可以定义如下：

> 是报告当天作业计划完成的沟通场合。

在晚会上，让作业人员报告当天的作业是否完成，如果未完成，则报告原因。

表4-3

"早会"的目的与方法
①开始号令： 　"集合！早会现在开始"
②问候： 　"早上好"
③点名： 　"下面，按每个人的姓名点名，叫谁的名字谁答'到'"
④报告： 　"昨天的实际情况""现场巡查中发现的事项与注意事项"
⑤发布： 　"当天的计划""作业人员的作业目标"
⑥成员提问： 　"有什么要说的吗？"
⑦一齐随诵： 　全员一齐随诵标语或口号 　（确定每周的标语后随诵）
⑧宣布结束： 　"早会结束。散会后请开始作业"

SECTION❽

厂长常见苦恼 Q&A
【"可视化"和沟通篇】

Q:1 生产现场变化多,"可视化"是这种生产现场的重要主题,所以给生产现场领导下达指示让其推进,但是并未像预期那样推动。顺利实施"可视化"的要点是什么?

A:1 由最近频发的企业丑闻可知,企业有这样一种趋势,即没有"可视化"的工作岗位是"沉默得实惠,隐瞒无人知"的生产现场体制,最后会辜负顾客的期望,其结果是导致企业崩溃。因此,以监督人员为主根据以下要点进行实践至关重要:

①监督人员理解"可视化"的目的与重要性。监督人员不理解目的与重要性就无法实践"可视化"。

②"可视化"没有监督人员的实践行动就无法实现。"可视化"没有监督人员每天的实践行动就没有效果。

③"可视化"根据三现主义针对"事实"进行。不是依赖手机发号施令,而是由观察力敏锐的监督人员,根据三现主义,针对所发现的事实"可视化"。

④"可视化"的根本是实践"纯正 5S"。通过全员参与"纯

正 5S"活动，可以打造无论何时、任何人都看得见、弄得懂、做得到的工作岗位。

⑤通过"可视化"发现浪费。通过"可视化"，可以迅速发现问题及其前兆，进而发现浪费。

⑥制定对策防止问题再次发生。如果发现问题的话，则考虑"原因"以制定对策防止再次发生。

⑦全员参与防止问题再次发生并进行改善。通过"可视化"，全员参与防止问题再次发生，并进行改善。

Q：2 厂长下达指示务必召开"3 会"，但是制造部门的管理、监督人员以做不好为由不能贯彻下去。请问贯彻"3 会"的根本是什么？

A：2 最近，生产现场派遣员工和新入职员工增多，不召开"3会"就很难完成生产目标。目前，"3 会"已成为领导的职责，顺利召开"3 会"要点如下：

①以 5~6 人的小组为单位实施。人多了（10~15 人）召开早会要花时间喋喋不休地讲，当耳旁风的作业人员增多。

②监督人员理解目的。领导充分理解"3 会"的必要性与优点，自觉认识到这是自己的重要职责。

③定期召开。"3 会"要规定时间与场所，按每天 1 个周期的规律召开。

④让作业人员理解。让作业人员理解"3 会"是延误后获得

支援与作业指导的机会。

Q：3 向缺乏经验的作业人员明确地传达作业指示至关重要，但是却一直不能特别明确地下达作业指示。请问顺利下达指示的窍门是什么？

A：3 以前，工作岗位没有作业指示也能进行作业，没有太大问题，而现在越来越多的生产现场并不能确实传达作业指示。顺利地下达作业指示的窍门如下：

①具体地指示 5W2H。具体地指示实施作业应该做什么、何时完成、在哪个现场做、谁来完成、为什么、怎样做（作业标准书等）、做多少个、做到什么程度。

②让作业人员看着文件和作业标准书给他们讲解。使用作业指示书和管理板，让作业人员看着作业指示书和管理板给他们下达作业指示。仅凭口头说明并不能准确地传达应传达的内容。应该做的事情，通过文字信息与图形信息两种形式传达，就能够加深理解，不容易忘记。

③以明确的表达形式下达指示。不要用"还是……好一些"这种模棱两可的表达方式，而是要用"请做……"这种表达方式明确地下达指示，以免让作业人员无所适从。

④教给作业人员接受作业指示的方法。接到作业指示后，为了确认已经充分地理解了，让作业人员自己"复述"指示内容。这是因为如果没理解的话就无法复述出来。

⑤重要的指示事项务必让作业人员记笔记。作业人员亲手记笔记可以加深理解,形成牢固的记忆。

第**5**章

要培养管理人员与监督人员(现场领导)加强组织力

SECTION❶

管理人员和监督人员负责任的行为

培养管理人员与监督人员是工厂生存的基本条件
【实例研究】

▲生产现场的问题与厂长的苦恼

[实例1"不了解监督人员职责"]

山田厂长今天也巡回了生产现场。最近，生产现场急剧变化，厂长每天巡回现场已列为捕捉生产现场实际情况不可或缺的行为。在第一生产线的工作岗位映入眼帘的是，制造科铃木股长又在现场帮助作业的情景。前几天刚提醒过他，也是因为他把调整生产计划扔在一边，以挽回生产工序延误的名义援助生产现场。当时，S生产线发生工序延误，原因有两个，其一是增加了订单，其二是上一道工序发生问题导致S生产线临时停机，这两种情况都已经做了说明。从股长的职务考虑，应该修改生产计划，不应该把增加的订单强加给生产线。而且，也应该掌握上一道工序发生工序延误的原因，制定防止再发生对策。当时，铃木股长说"明白了"，原来他根本没有真正领会提醒的意思，一想到这样，山田厂长的心情就变得阴郁了。

139

这一次，只提醒了当事人似乎还是不能理解。厂长对制造部门的监督人员说："要经常下现场！"但是，事到如今才注意到这句话被误解了，山田厂长每天心情都很沉重。上周，把铃木股长的上司坂本科长叫来听取意见，仅得到一句"我也提醒了，不过嘛……"这种事不关己的话。股长身为监督人员本来应该怎样做呢？对于股长当前的行为再也不能就这样放任不管了。山田厂长近来就为这些问题而苦恼。

▲生产现场的问题与厂长的苦恼

[实例2 "不履行科长职责"]

这几年R公司新产品销路有点儿不尽如人意，而且交货期延误和投诉增多，如果继续这样发展下去的话公司就难以生存了。为了让公司渡过这个难关，决定制定出新的公司方针，改革工厂生产体制。中村厂长提出3个基本方针，即缩短生产前置时间、投诉减半、降低成本。今年是生产现场改革年，下达指示要求制造部门的管理人员带头推进。而且，以管理人员为核心设立了项目组。此后过了3个月，找身为成员的管理人员问了问推进情况。结果，才知道生产改革徒有虚名，不仅未制定出具体的改革策略，甚至科长到现在依然没有转变，也就是为日常业务忙得团团转。为什么不按照方针致力于生产改革呢？针对这个问题，管理人员解释说是因为忙着进行现场问题善后处理的缘故。管理人员应该怎样做呢？中村厂长很苦恼。

▲生产现场为什么变成这个样子了？问题的真正原因是什么？

股长和主任这种"监督人员"本来的工作是，要作为生产现场核心进行工序管理和指导作业人员以完成生产目标。但事实上，股长把生产现场发生问题的善后处理当成了主要工作。结果，别说指导派遣员工、新入职员工，连解决生产现场问题也睁一只眼闭一只眼。

另一方面，部长、科长这种"管理人员"本来的工作是，既要维持生产管理体系以能够在生产现场完成QCT（质量、成本、前置时间）目标，又要推进工厂生存改革。但是，中村厂长不明确管理人员和监督人员的职责与任务只求结果了。按层级自上而下明确职责并进行指导已成为当务之急。

▲厂长怎样改变这样的生产现场好？

工厂生存的基本条件是各层级应该确实履行自己的职责。厂长应该做的工作是以下几项，使工厂组织改革成为本来应该有的状态：

①明确各组织层级的职责与行为，即对管理人员明确管理人员的职责与行为，对监督人员明确监督人员的职责与行为。
②为了改变忙于现场问题善后处理这一现状，下达指示让他们把管理人员与监督人员的行为恢复到应有的状态。于是，改革当前生产现场现状的真正问题和课题就明确了。

第5章将具体介绍管理人员和监督人员的本职工作是什么、应该怎样指导。

SECTION❷

工厂组织的改革

为了加强组织力要改革工厂组织

Q：1 我知道厂长应该从根本上重新评估工厂组织，但为什么必须要这样还是有点儿想不通。如果工厂高层没有说服力，仅凭改变组织，管理人员和监督人员就无法理解应该做什么、为什么做、怎样做。

A：1 组织扁平化（科长以下全员只作为普通作业人员工作的效率优先组织）始于20世纪90年代，很多企业落下了组织扁平化现象的后遗症，不少工厂解决生产现场每天发生的问题往后拖，隐瞒问题的组织体制蔓延。在"变种变量变人生产"已成常态的情况下，组织无法解决问题，显然就无法生存下去，工厂没有员工成长进步的组织体制，也同样无法生存下去。管理、监督人员不致力于重新构筑组织，只顾着察看高层的脸色，应该进行的改革往后拖，这样的企业辜负顾客的期望，最后的结局只能是被市场淘汰，现实当中真有这样的实例。显然，此类企业的背后，有一个维持与捍卫工厂现状的组织体制，使得工厂现状无法改变。因此，根据层级别组织，明确管理人员与监督人员新的职责与任务，这一点至关重要。

Q：2 厂长想尽快采取打造新组织结构的措施，请问具体打造
什么样的组织好呢？

A：2 最应该认真考虑工厂生存的人，除了厂长之外再无旁人。
因此，厂长的重要职责和任务包括重新构筑层级组织与功能组
织，旨在加强组织力。确保利润也很重要，但是为了打造适应
变化的工厂体制，必须再一次从根本上重新评估组织结构。组
织的理想状态，其根本在于明确以下类型的组织功能。这些组
织结构只有像织物的经线和纬线一样相互影响，才能够适应激
变，工厂才能够生存下去。

▲打造层级别组织

层级别组织由 5 个层级构成，即从第 1 层级工厂高层到第 5
层级作业人员。重要的是中间的 3 个层级。本章将分别介绍各
层级的任务。

第 2 层级　管理人员的组织层级。依次运行业务流程的
PDCA（计划、实施、检查、行动）循环，既确保 QCT（质量、成本、
前置时间），又按计划推进工厂生存的生产改革。

第 3 层级　监督人员的组织层级。具有最为核心的作用，
以确保完成日常生产目标。同时，负责领导工作小组和指导作
业人员，还要推进改善现场问题。

第4层级 工作小组领导的组织层级。以往不太引人注目，但是生产现场的作业人员以派遣员工为主，他们缺乏经验，在这样的生产现场负责对作业人员进行日常指导。

▲打造功能组织

功能组织是生产流程所必需的组织。很多生产工厂没有组织本身，即使有组织名称也没有实际活动，这样的案例常见。功能组织要素具体指以下4个，分别需要专门的能力。单个的组织功能，将在本书第6章、第7章中介绍：

组织功能1 生产管理组织，具有管理顾客需求处理的功能。

组织功能2 质量保证组织，具有顾客质量要求处理的功能与投诉处理的功能。

组织功能3 设备管理组织，具有确保设备正常运转的总括功能。

组织功能4 工伤事故管理组织，具有防止作业人员发生工伤事故的功能。

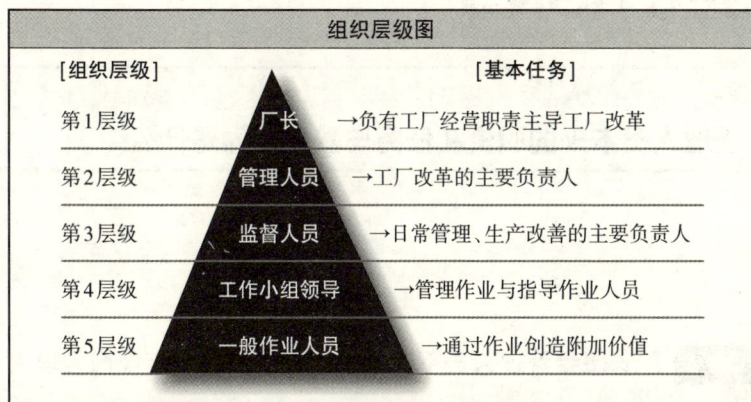

组织层级图		
[组织层级]		[基本任务]
第1层级	厂长	→负有工厂经营职责主导工厂改革
第2层级	管理人员	→工厂改革的主要负责人
第3层级	监督人员	→日常管理、生产改善的主要负责人
第4层级	工作小组领导	→管理作业与指导作业人员
第5层级	一般作业人员	→通过作业创造附加价值

图5-1

SECTION❸

管理人员本来的职责和任务与基本行为是什么

Q：1 厂长想给管理人员下达指示，告诉他们生产部门管理人员的职责是什么、应该怎样做，我一直为这个问题而苦恼。请问管理人员的具体职责和任务是什么？

A：1 因为管理人员本来的职责不明确，所以 20 世纪 90 年代前一半时间，出现了存在理由不明的管理人员大量重组的不幸结果。管理人员层级本来应具有的职责如下，无论哪一条都对工厂生存至关重要：

①维持、改善质量。
②维持、改善计划成本。
③维持、改善计划交货期。
④维持生产现场的劳动安全卫生。
⑤维护、保养机器设备。
⑥推进改革和改善业务流程、生产流程，改善 QCT。
⑦改善监督人员与作业人员的技术和技能，推进多能化。
⑧激活生产现场，维持、改善士气(干劲)。
⑨确保工厂利润。

Q：2 应起到管理人员作用的基本行为不明确，厂长无法下达指示，这真令人头痛。管理人员的基本行为有哪些？

146

A：2 起到生产部门管理人员作用的基本行为与具体实施事项如下：

①生产计划：拟订业务计划、生产计划，以确保生产现场运行状态（参阅第 7 章）。

·把生产管理部门制定的生产计划落实为生产日程表，以确保每条生产线的运转率

②利润管理：管理可变费用、固定费用等，拟订确保利润的计划，后续追踪。

·编写生产现场的可变费用和固定费用预算计划（参阅第 11 章）。

·预算计划的后续追踪。

③劳务管理：确认生产现场适当的人员配置，进行监督人员的行为管理，以维持和激活工厂内的生产活动。

·定期召开监督人员会议，对工作岗位的症结进行研讨和对策指示。

·检查各监督人员行为报告书，对症结进行研讨和指示。

④质量管理和质量保证：一方面明确质量要求事项，另一方面针对公司内部质量不合格和顾客投诉调查原因、拟定防止再发生对策，并进行实施指示（参阅第 7 章）。

·指导监督人员编写作业标准书、编制 QC 工序表。

·汇总质量不合格、投诉信息。

·调查质量不合格、投诉原因，研讨和指示对策，确认效果

147

⑤工序管理：召开工序会议，各生产现场的监督人员参加，一方面确认生产线进度，另一方面研讨针对生产日程表延误的对策，指示有关监督人员处理（参阅第 7 章）。

·准备、运用、整理工序会议。

·研讨工序管理问题、指示对策。

⑥培养人才：为了提高所属部门员工的能力，拟订教育训练计划，给监督人员下达指示（参阅第 3 章）。

⑦生产流程和业务流程的改革管理：通过重新评估生产线的生产方法和布局、重新评估业务流程，提高 QCT 活动的水平。

·编写生产线改革计划。

·推进生产现场改革与进度管理。

⑧5S 和快善管理：快善活动以 5S 为中心，全员共同参与，推进委员带头开展快善活动，以达到生产现场快善的效果。

·支援 5S 小组活动（5S 会议、5S 实施计划表）。

·采用 5S 检查表实施巡查与指导实施快善。

⑨机器设备管理：为了防止机器设备出故障、提高运转率，就检查整备制订计划，下达安排零件与保养的指示。

·指导编写设备检查和整备计划。

·调查设备故障原因与拟定防止再发生对策。

⑩安全卫生管理：拟定和指示打造维持安全卫生组织、保护作业人员健康、防止工伤事故的对策（参阅第 6 章）。

·召开安全卫生委员会、拟定安全卫生问题和隐患的对策。

⑪解决生产现场问题：通过巡回现场，发现生产现场的症结，在相关部门协助下研讨、指示解决方案。

·基于现场巡查用检查表进行现场巡回。

·研讨现场巡回中发现的问题，并指示进行改善（参阅第8章）。

SECTION❹

监督人员本来的职责和任务与基本行为是什么

Q : 1 生产现场的监督人员出面支援作业，将完成生产目标的职责抛之脑后。制造科长想让我下达指示，可是我一直想不明白怎样下指示。请问监督人员本来的职责和任务是什么？

A : 1 监督人员平常出面支援作业，就会把完成生产目标与指导作业人员的职责束之高阁，生产现场成了无职责的体制。为了防止此类现象发生，必须明确监督人员的职责和任务。公司要求的监督人员职责和任务如下，无论哪一条都对完成生产目标与培养作业人员至关重要：

①打造精干型组织。以各工作小组领导为主，把现场组织重新组编成 5~6 人的小型组织。这是因为为了对派遣员工和新作业人员细致地进行指导，必须组编成人数少的工作小组的缘故。

②基于生产日程表下达明确的作业指示。根据作业完成结果，前一天掌握准备情况，次日早上最终调整作业计划，下达作业指示。

③维持、保证产品质量。一方面利用作业指示明确作业内

150

容，一方面制定防止质量不合格和投诉再发生对策。

④严格遵守交货期。通过贯彻工序管理、挽回工序延误，确保交货期。

⑤确保安全卫生。消除隐患和生产现场的 3K（危险、累人、肮脏），打造安全卫生的工作岗位。

⑥推动作业标准化与改善。致力于作业标准化，以便新作业人员能够在短期间内学会。

⑦贯彻"纯正 5S"与"可视化"。通过每天实践纯正 5S，设定看得见问题和难点的结构，提高问题解决能力。

⑧推进生产改善。通过改善布局和削减半成品库存等，改善生产流程。

⑨降低成本。降低成本的根本是致力于消除生产现场的 3M（无理、无稳、浪费）。

⑩与工作小组领导共同努力，指导培养作业人员，激发出工作热情。在日常作业期间指导缺乏经验和干劲的作业人员，让他们掌握技能，激发出他们的工作热情。

⑪及时向上司报告。监督人员既要每天报告行动结果，又要协助上级管理人员推进生产改革。

Q：2 生产现场的关键人物无论如何也应该算是监督人员。但是，监督人员的基本行为不明确。请问监督人员的基本行为是什么？

A:2 为了打造确实能够完成生产目标的生产现场，监督人员要针对以下基本事项采取具体行动与对策：

①早期发现与修理不合格品。在生产工序中提早发现、修理不合格品（参阅第 7 章）。

②发现与挽回工序延误。利用生产实际情况管理板和工序表，"可视化"工序的进度情况，掌握延误的原因，指示挽回对策（参阅第 7 章）。

③早期发现机器设备故障与机器设备故障对策。通过让作业人员贯彻设备班前检查、有异常时确实进行联络，指示机器设备运行对策（参阅第 6 章）。

④预知与预防工伤事故。通过巡回生产现场，发现 3K 状态，指示具体的改善对策（参阅第 6 章）。

⑤编写面向初学者的作业标准书。把作业分成 ABC 三个等级，编写 C 等级作业标准书（参阅第 3 章）。

⑥感知与改正工作岗位环境的恶化。在生产现场人际关系冷淡的情况下，提早掌握人际关系环境的恶化，通过组编工作小组和对当事人指导进行改正。

⑦发现与改正"纯正 5S"的混乱。通过 5S 是否混乱发现现场存在的问题。特意指导作业人员要弥补素养不足，采用"纯正 5S"进行快善（参阅第 2 章）。

⑧迅速处理客户投诉。根据三现主义掌握客户投诉内容，制定防止投诉再发生对策（参阅第 7 章）。

⑨短时间内培养、指导缺乏经验的作业人员。在生产现场，对缺乏经验的作业人员进行短期指导、培养。

⑩打造有活力的工作岗位。打造鼓足干劲的工作岗位。

SECTION❺

管理人员进行业务流程改革应该做什么、怎样做

Q：1 必须要改革业务流程，但是我这个厂长看不见各部门的主业务流程，管理人员进行业务改革没有什么进展。请问如何"可视化"、改革业务流程？

A：1 推进工厂改革的对象流程是，物品流动的生产流程（参阅第 10 章）与各部门主管的业务流程。通过可视化的业务流程，可以掌握改革和改善业务的关键。其方法是"流程图法"，它有如下特点：

①把主要业务流程按照PDCAI[计划→实施→检查→改正行动→改善(I是指 Improvement)]流程图的步骤展示出来，可以把业务的流动可视化。
②可以跨部门地掌握业务流程所经过部门的职责与执行内容。
③通过业务流程的可视化，可以掌握问题与原因。
④通过明确各部门业务管理目标，可以掌握如何推行业务改革。

流程图的编制步骤与应用要点如下：

①准备实例所示的流程图。

②把业务的流动逐步骤详细填到流程图中，多个步骤要按PDCAI 分类区分开。

③设定每个步骤的业务输入（准备信息）、输出（编制信息）、活动内容、判定基准。

④设置业务流程应达到的管理指标，并把它当作管理的指标。

⑤各部门的管理人员，每个管理周期（通常为1个月）掌握1次业务流程的症结，管理指标的完成情况、原因，制定业务改革和改善对策，并带头实施。

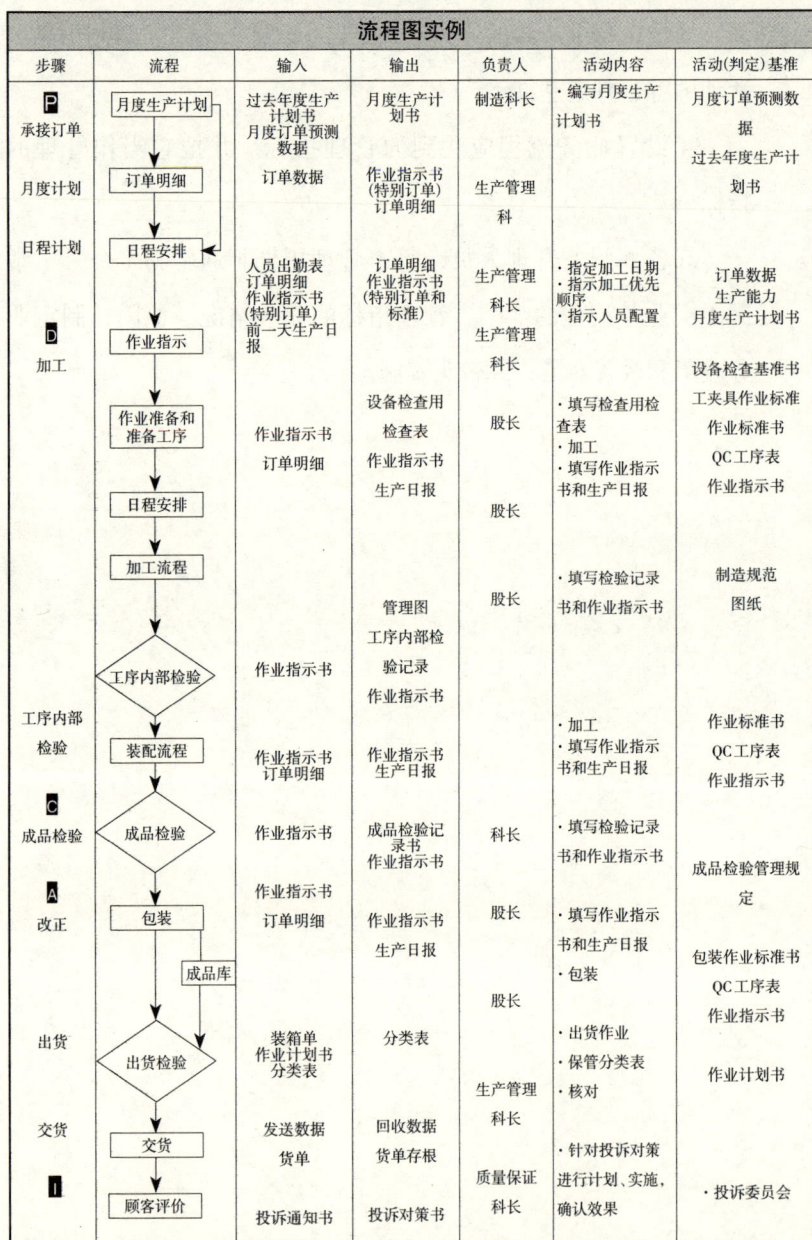

流程图实例

步骤	流程	输入	输出	负责人	活动内容	活动(判定)基准
P 承接订单	月度生产计划	过去年度生产计划书 月度订单预测数据	月度生产计划书	制造科长	·编写月度生产计划书	月度订单预测数据 过去年度生产计划书
月度计划	订单明细	订单数据	作业指示书(特别订单) 订单明细	生产管理科		
日程计划	日程安排	人员出勤表 订单明细 作业指示书(特别订单) 前一天生产日报	订单明细 作业指示书(特别订单和标准)	生产管理科长 生产管理科长	·指定加工日期 ·指示加工优先顺序 ·指示人员配置	订单数据 生产能力 月度生产计划书
D 加工	作业指示					设备检查基准书
	作业准备和准备工序	作业指示书 订单明细	设备检查用检查表 作业指示书 生产日报	股长 股长	·填写检查用检查表 ·加工 ·填写作业指示书和生产日报	工夹具作业标准 作业标准书 QC工序表 作业指示书
	日程安排					
	加工流程		管理图 工序内部检验记录 作业指示书	股长	·填写检验记录书和作业指示书	制造规范 图纸
工序内部检验	工序内部检验	作业指示书				
	装配流程	作业指示书 订单明细	作业指示书 生产日报	股长	·加工 ·填写作业指示书和生产日报	作业标准书 QC工序表 作业指示书
C 成品检验	成品检验	作业指示书	成品检验记录书 作业指示书	科长	·填写检验记录书和作业指示书	成品检验管理规定
A 改正	包装	作业指示书 订单明细	作业指示书 生产日报	股长 股长	·填写作业指示书和生产日报 ·包装	包装作业标准书 QC工序表 作业指示书
	成品库					
出货	出货检验	装箱单 作业计划书 分类表	分类表	生产管理科长	·出货作业 ·保管分类表 ·核对	作业计划书
交货	交货	发送数据 货单	回收数据 货单存根	质量保证科长	·针对投诉对策进行计划、实施,确认效果	·投诉委员会
I	顾客评价	投诉通知书	投诉对策书			

图 5-2

156

SECTION⑥

监督人员的日常基本行为应该有哪些

Q：1 完成每天生产目标的关键人物是监督人员，但监督人员每天应有的基本行为不明确。请问监督人员的日常基本行为应该有哪些？

A：1 监督人员的日常基本行为有如下 6 个步骤。监督人员每天确实实践 6 个步骤，才能完成生产目标、培养作业人员：

步骤1　利用早会下达作业指示。让工作小组领导每天早上召开"早会"，给每个作业人员下达作业指示。生产现场不召开早会，工作岗位就会飘忽不定，像断了线的风筝。

步骤2　现场巡查与观察。早会下达作业指示后，一直到开始正式作业之前，需要准备和准备工序时间。借这段时间，监督人员巡查生产现场，掌握准备和准备工序情况。必须在上午和下午各巡查 1 次。

步骤3　发现问题与临时指示。生产现场的问题和麻烦每天都发生。抓住浪费和麻烦的前兆，当场做出必要的临时指示。

步骤4　防止问题再发生对策指示。立即返回办公室，研讨现场巡查中所发现问题的解决方案和改善事项，拟定改善解决方案。改善对策必须写成文字材料，让人一看就懂。其后，尽快返回现场，对发生问题的作业人员就防止再发生对策进行指导。

步骤5 利用午会掌握进度情况。利用"午会"，让各作业人员报告中午前的进度情况，弄清楚哪位作业人员需要采取挽回延误对策，下午实施挽回延误对策并对作业人员进行指导。

步骤6 利用晚会确认作业完成。利用"晚会"，确认作业完成后的情况。如果已经完成则表示谢意，如果未完成则找当事人确认原因，指示对策。

表5-1

采用行为管理表的日常行为6步骤			
行为管理表（填写实例）			
姓名:吉田良一	○月○日		工序：×生产线
时间	实施项目	评价	实施记录
8—9	早会	○	指导了作业失误
9—10	巡查	○	实施了问题对策
10—11	指示对策	○	编写了防止再发生对策
11—12	研讨改善	△	制作了夹具
13—14	午会	○	指示了延误对策
14—15	巡查	△	对新员工进行了作业指导
15—16	领导会议	○	研讨了指导方法
16—17	晚会／准备	○	下达了加班的指示
总评： 作业失误增加，所以加强在巡查当中指导			

SECTION❼

生产现场巡查

要通过监督人员巡查生产现场让现场变成宝库

Q：1 身为厂长，我每天都必须巡查生产现场。但是，确实掌握生产现场的问题、对作业人员下达指示是监督人员的工作。请问怎样让他们理解监督人员巡查生产现场的重要性？

A：1 厂长每天巡查现场对掌握工厂整体问题至关重要，非做不可。另一方面，监督人员通过巡查掌握各生产现场每天发生的问题，这是负责任的重要行为，其原因如下：

①缺乏生产现场经验的作业人员增多，监督人员不巡查，就难以完成生产目标，甚至作业人员隐瞒问题的现象会逐渐横行，生产现场的体制开始恶化。为了防止此类现象发生，监督人员必须巡查生产现场，只有这样，才能够发现生产现场的问题及其前兆，才能够解决问题。

②生产现场埋藏了很多宝物。所谓宝物是什么呢？那就是生产现场中无数的无理、无稳、浪费以及每天发生的麻烦前兆（预兆）。对这些宝物的苗头放任不管，必定会演变成生产现场的问题而显现出来，导致发生工伤事故、质量不合格、交货期

延误等，使得生产现场亏损。只有提早发现宝物，采取行动改善它们，才能够给生产现场带来利润。两眼只盯着办公桌上的电脑屏幕，其结果就是对问题放任不管。

③监督人员根据三现主义（用自己的双脚走到现场去，用自己的双眼观察现货，用自己的双耳倾听现实的声音）采取行动就是根本。这种行为称为现场巡查，应用检查表观察（发现）现场，能够让监督人员提早发现问题并采取行动，于是宝物就能在现场显现出来。

表5-2

现场巡查和检查表						
检查日期	年　月　日	工作岗位名称			巡查人	
检查项目 ＼ 指摘事项			上午(有什么问题)	下午(有什么问题)		改善的关键
1	产品是否发生不合格					
2	生产日程表的进度是否延误					
3	作业人员是否有等待(特别是派遣员工、计时工)					
4	设备运行是否有停止、异常					
5	是否有无理的态度、不安全的行为					
6	是否有特别显眼的工作岗位问题					
7	是否基于作业标准进行作业					
8	适应生产日程表变更是问题吗?					
9	处理材料和零件延误怎样了?					
10	其他					
描述	[综合印象]					

注: 没有问题填◎，有改善之处填○，有问题和需立即改善填△，不明填 × 。

SECTION❽

領导带头打造的生产现场

要推进打造充满"干劲"的生产现场

Q:1 最近，不知道是不是因为生产现场派遣员工与新员工增多的缘故，生产现场毫无生气，感觉好像与鼓足了干劲的现场无缘似的。虽说我这个厂长尽力推动，但现场监督人员却不留心。生产现场失去活力的征兆包括哪些现象？

A:1 最近，因派遣员工和新作业人员增多，生产现场有失去活力的趋势。对这种现场放任不管，隐瞒问题、视而不见就有可能横行。

①声音小。早上问候、被叫时回应、开会时发言、针对危险发出警告声音小。

②当天的作业目标不清楚。当天作业量与不合格率目标不清楚，作业人员没有目标意识（未召开"3会"）。

③未做好整理、整顿、清扫、清洁、素养（欠缺"纯正5S"）。

· 放置了不需要的物品。

· 物品存放区没有标识。

· 工作岗位有些脏。

④对工作岗位纪律混乱放任不管。

· 不遵守时间纪律。

· "报、联、商"混乱。

· 不看重要的布告。

⑤发牢骚、背后说坏话、说谎话横行。

· 说工厂和工作岗位的坏话满不在乎。

· 背后传上司和同事的坏话。

· 谎言横行。

⑥不改善作业和设备。

· 不努力减少不合格。

· 不改善设备故障。

⑦监督人员的意识与行为懈怠。

· 现场领导对部下的意见置若罔闻。

· 现场领导看见部下失败了也佯装不知。

· 把自己的责任往部下身上推。

Q：2 深感一项工作很重要，那就是致力于打造以生产现场监督人员和工作小组领导为主、有活力、充满干劲的工作岗位。怎样让监督人员采取行动推行打造充满干劲的现场好呢？

A：2 打造鼓足干劲的生产现场，其根本在于监督人员和工作小组领导带头实践以下领导行为：

①现场领导把全部精力投入到本职工作中，带头执行，做

一个好榜样。监督人员应该做的工作称为本职工作。监督人员重新确认交给自己的本职工作，致力于完成生产目标、培养作业人员，这一点至关重要。而且，给作业人员下达命令、在工作岗位指示的事情，现场组长自己带头遵守，做一个好榜样。

②让作业人员理解、贯彻作业目的与目标。让作业人员理解、贯彻现场活动目的、目标（做到哪里为止）。利用早会的场合重复，以与作业人员沟通。

③观察、改善现场的症结。巡查期间和发生麻烦时，根据三现主义观察现场的问题，掌握应该改善的症结。

④尊重作业人员的意见。最了解现场情况的是实际作业的人，所以要尊重作业人员的意见，大家一起讨论。监督人员巡查现场时必须找作业人员征求意见。

⑤让作业人员贯彻"纯正 5S"（整理、整顿、清扫、清洁、素养）。让作业人员贯彻工作岗位的整理、整顿、清扫、清洁、素养，遵守工作岗位纪律。

⑥努力消除作业人员个人的疏忽失误。调查作业人员个人的疏忽失误，查明原因，开动脑筋想办法采取改善措施。

⑦现场组长自己努力学习。仔细聆听他人（上司与作业人员）说的话（务必记笔记）。

·阅读图书和资料。

·努力研究出新的方法。

⑧减少加工不合格。

·让作业人员根据作业标准书作业。

·让作业人员通过自己确认发现不合格品，掌握原因。

·把检验数据反馈给上工序，让上工序针对原因采取对策。

⑨提高作业速度。

·消除作业浪费，缩短准备工序作业时间。

·缩短加工时间。

⑩始终用心改善。

·监督人员提议改善做法。

·帮助作业人员改善做法。

·为工作岗位打造改善的氛围。

SECTION❾

厂长常见苦恼 Q&A
【管理人员与现场领导篇】

Q：1 在非正式员工增多的情况下，我感觉掌管现场的监督人员要具备作为领导的人格魅力（素养）。否则，如果监督人员是没有威信的人，那么即使下达了指示也无法执行。在这种情况下，监督人员身为领导应该具备什么素养呢？

A：1 最近，生产现场非正式员工增多，仅凭是上司这一个条件，作业人员是不会买账的。为了得到年长作业人员和有在其他公司从业经验作业人员的信任，监督人员要具备以下素养：

①健康。

·没有影响上班的慢性病。

·生活有节制。

②性格。

·开朗。

·温和。

·细致。

·井然有序。

166

· 幽默。

③人品。

· 谦虚（措辞有礼貌，使用客气的语言）。

· 冷静。

· 直爽。

· 感情丰富。

· 公平。

④人际关系。

· 能够考虑他人的感受。

· 理解人情世故。

· 家庭和睦。

⑤礼节。

· 礼仪正确（明快地大声"问候"）。

· 仪容整洁。

· 风度好。

· 公私分明。

⑥用心。

· 真诚（对作业人员的提问、商议，回答及时且亲切）。

· 努力上进。

⑦人生观。

· 人生观明确（要求自己不断成长）。

· 具有自己的职业观（以专业的领导人为目标）。

Q:2 监督人员要具备哪些领导基本能力？我打算让他们具体地学一学。

A:2 监督人员身为现场领导必须具备领导能力，工作才能取得成果。仅凭干劲无法下达有效的指令，也无法指导、培养部下。具有共性的能力，体现在以下 10 个领域：

①产品知识。

·自己公司产品的性能、结构、用途、市场定位、加工、装配相关技术知识。

②生产管理知识。

·工序管理、质量管理、交货期管理。

·库存管理、降低成本。

·消除浪费、缩短前置时间。

③指导力。

·指出目标，提高积极性。

·激发干劲。

④判断力。

·分辨是非。

·有分歧时做出决断。

⑤表现力。

·措辞明了。

·写文章通俗易懂。

⑥说服力。

·聆听对方（作业人员和上司）的提问和意见。

·为对方说明，让其理解。

·说明时条理清晰。

⑦解决问题能力和改善能力。

·掌握症结。

·能够出主意想办法，轻松、迅速、切实地开展改善活动。

⑧行动力。

·立即行动。

·不嫌麻烦。

·当日事当日毕。

⑨指导力。

·弄清对方水平，直到教会为止。

·后续追踪。

⑩打动上司。

·说服上司，实现自己的想法。

·谋求与上司沟通。

以上的能力中，重要的能力是说服力。所谓说服力，就是指针对部下、作业人员不明之处和提问，回答、指导得通俗易懂。为了加强说服力，切实实施以下循环是根本。

⑥聆听对方的谈话→⑦提出解决问题的方案→⑧立即采取行动→⑥说服→⑨进行指导以让作业人员明白。

这样一来，既能够加强监督人员领导力，又能够得到员工进步的效果。

第 **6** 章

要利用安全管理与机器设备管理消除工伤事故、机械故障的风险

SECTION❶

安全卫生管理与机器设备管理

安全卫生管理与机器设备管理是不可或缺的

▲生产现场的问题与厂长的苦恼

[实例1"安全意识松懈"]

最近，生产现场非正式员工和新员工增多，开始发生前所未有的工伤事故。上星期就发生了一起工伤事故，两个人作业，一个人在下面托重物，另外一个人进行起吊作业，正吊着半截，支撑重物的螺栓脱落，砸在下方作业人员的手上，造成手指骨折。据称，工伤事故的直接原因是螺栓未固紧致使其脱落。作业标准书中规定螺栓必须固紧，但实际上却只拧了2扣。当天，作业有些延误，不但急着赶工，而且托重物的工作还让派遣员工做。虽然进行起吊作业的作业人员有经验，但为什么不为派遣员工确认是否确实固紧了呢？虽然当事人解释说是因为没留神，但只能认为是安全意识松懈。

近些日子工伤事故连续不断发生，坂本厂长在本周的全体早会上刚刚提醒要加强安全意识。本公司在每月的安全卫生委员会上都协商解决问题，安全巡查也定期实施，可是为什么还发生这么多工伤事故呢？坂本厂长一直为这个问题而苦恼。

▲生产现场的问题与厂长的苦恼

[实例2"班前检查偷工"]

吉田先生负责维修的机器发生故障，今天也被人催着修理。吉田先生在公司工作了20年，是老资格的机械工。但是，他负责维修的机器生产率低，比入职3年机械作业人员负责的还低。而且，负责维修的机器故障发生率也提高了。为什么会这样呢？坂本厂长对他的工作态度产生了怀疑。吉田先生擅长修理，所以好像是觉得一出故障就马上修理对生产没有太大的影响，因而平时在规定检修和检查方面偷工了。前几天，机器报警时坂本厂长正在场，报警显示屏上显示"油量不足（oil shortage）"，于是问吉田先生："为什么上班时没检查油位？"吉田先生回答说："油什么的，加上就没问题了。"完全没有反省的意思，坂本厂长惊讶得说不出话来。立刻叫来吉田先生的上司浅井科长，询问未实施班前检查的原因，浅井科长没有多少现场经验，他回答说："我也提醒了，可是吉田先生不听那一套。"把责任推得一干二净。不给机器做保养、检查，就无法保证机器运行，这项基本工作为什么就不贯彻呢？坂本厂长又增加了这个苦恼。

▲生产现场为什么变成这个样子了？问题的真正原因是什么？

最近，生产现场新入职员工和派遣员工增多，结果有了工伤事故频发的趋势。其背后的原因是，这些作业人员在现场缺乏对危险的认识和经验。针对这种原因，仅凭以安全委员会为主的劳动安全对策，防止工伤事故的效果并不理想，这一点坂本厂长没有注意到。

另一方面，像吉田先生那样缺乏紧张感、连保证机器可以运行的基本工作都偷工的机械作业人员并非鲜见。对这样的作业人员放任不管、不严格指导，新作业人员也有可能染上坏习惯。坂本厂长没有注意到改革这种工作岗位体制的重要性。

▲厂长怎样改变这种生产现场好呢？

发生工伤事故与发生机器故障的共同风险在于停产，作业人员干劲降低，生产目标无法完成。在近来严峻的企业环境下，不可以对这样的现象放任不管。因此，厂长要采取以下行动：

---

①让管理人员、监督人员每天巡查生产现场，发现不安全的状态，管制新作业人员的不安全行为。
②为了防止机器发生故障，让作业人员贯彻班前检查，改革生产现场，以能够进行进攻型的机器管理

第6章将介绍如何打造劳动安全管理体制、如何进行进攻型的机器设备管理。

SECTION❷

生产现场的症结与发生工伤事故的负面影响

Q：1 我感觉最近我厂工伤事故增多的背后，好像有生产现场体制不佳的原因。生产现场存在哪些误解和症结呢？

A：1 生产现场工伤事故频发，存在以下对安全卫生的误解和症结。认识到这一点以后，必须采取对策。

▲安全卫生的误解

①工伤事故是由于本人不注意造成的。

②如果连续不出工伤事故的话，就不需要安全相关教育训练。

③安全卫生是常识问题，所以没有必要进行教育训练。

④劳动安全卫生法是远离现实的法律。

▲关于安全卫生的症结

①管理、监督人员的症结。

·现场领导不关心、不负责任。

176

·工厂没有安全卫生的方针。

·现场领导未接受防止工伤事故教育。

·现场领导不知道防止工伤事故的方法。

·现场领导不对作业人员进行安全卫生方面的提醒、警告。

·现场领导没有对作业人员的指导力。

·现场领导不知道劳动安全卫生法。

②安全卫生组织的症结。

·未构建安全卫生组织。

·安全卫生委员会未起作用。

·不明确现场安全卫生方面的职责所在。

·不进行现场安全巡查。

·拿不出工伤事故报告书。

·不开展查隐患活动。

·没有关于安全问题的方法改善和提案制度。

③作业现场的症结。

·发生轻微工伤事故（涂抹红药水就可以的小伤）也不提，不做记录。

·对无法整理、整顿放任不管。

·不对不卫生的工作岗位采取改正对策。

·未制定工作岗位纪律。

·不使用规定的安全装置。

·不花时间搞安全卫生教育。

・违反安全卫生相关规则现象蔓延。

・安全卫生标语和海报成了装饰品，谁也不看。

Q:2 我厂连续很长时间未出工伤事故，最近却工伤事故频发，这真令人头痛。但是，正因为以往工伤事故不多，所以工厂整体缺乏危机意识、安全意识。我打算让管理、监督人员了解发生工伤事故造成的负面影响，教什么好？

A:2 发生工伤事故，就会对工厂造成很多负面影响。今后，派遣员工和新入职员工增多的趋势会增强，在这种情况下，要重新认识这一点。发生工伤事故造成的负面影响包括以下事项：

①对管理和监督人员的负面影响。

・因为让作业人员遭受痛苦，感到有责任，自己也遭受精神上的折磨。

・作业人员因为发生工伤事故而受伤，其痛苦影响得整个工作岗位劳动热情低落，必须采取措施让已低落的生产热情复原并采取防止再发生对策。

・明确工伤事故的原因，采取可靠的防止再发生对策。不把其结果告诉全体相关人员，就会陷入再发生同样工伤事故的死循环。

②对作业人员的负面影响。

・发生工伤事故，不仅身体受苦，有时还会落下后遗症，甚至今后难以继续在生产现场作业，遭受经济损失。

·让家属担心、痛苦，遭受双重折磨。

·对工作的热情减退，给其他作业人员带来多余的负担和烦扰，从而产生精神负担。

③对工厂的负面影响。

·发生工伤事故，整个工厂的氛围就变得低迷，消损作业人员的积极性和热情，整个工厂生产率和改善热情降低。

·因为发生工伤事故，所以就要接受劳动基准监督署的指导，忙于特殊处理。

·必须实施安全教育以防止发生工伤事故，而且还必须多增加一些时间。

SECTION❸

安全卫生管理的根本是疏忽失误与违反规则对策

Q : 1 身为厂长，制定了安全卫生方针，设置了安全卫生组织，但是工伤事故仍旧频发。是什么原因造成工伤事故呢？

A : 1 事实上，尽管很多生产现场设置了安全卫生委员会，也定期实施安全委员会巡查，但还是发生了工伤事故。据称，大多数工伤事故是由于意外的原因而发生的。其理由包括以下几个方面：

①违反工作岗位的安全规则。发生工伤事故的原因调查报告当中，提到最多的就是违反工作岗位安全规则。很多派遣员工来到生产现场当天就安排作业，安全规则没有时间教也就无从知晓了，所以被卷入到工伤事故当中，这种案例不断增多。其中，那种明知安全规则基本内容却依然违反的情况最多，因派遣员工不知而违反规则导致发生工伤事故的情况也大有增加之势。

②采用"纯正 5S"打造安全工作岗位做得不到位。生产现场发生的工伤事故中，包括物品掉落砸伤的事故、竖立着的重

物倾倒砸伤的事故、移动期间未确认前方情况被夹伤的事故等。发生这些工伤事故的原因是，针对物品存放区、摆放方法、工作岗位安全行为的素养等，基于"纯正 5S"维护与改善安全工作岗位环境做得不到位。

③缺乏对于作业人员的安全作业指导。大多数工伤事故是在作业期间发生的。装配时忘记基本作业造成的夹伤事故、多名作业人员共同作业期间忘记喊号子造成的砸伤事故等，特别是因新入职员工和派遣员工增加而导致的工伤事故增多。发生这些工伤事故，原因不在派遣员工身上，而是在管理、监督人员身上，是管理、监督人员缺乏安全作业相关指导造成的。

④作业人员疏忽失误。因作业人员疏忽失误造成的工伤事故也频发。有些不可抗力可能会导致发生工伤事故，诸如身体不适致使注意力下降、紧急情况分散了注意力、茫然地想心事、心中有所牵挂等。

Q：2 针对发生工伤事故的原因，生产现场当中谁采取措施、采取什么措施好呢？

A：2 平常掌管生产现场工作的管理、监督人员，必须采取具体措施防止生产现场发生工伤事故。即使设定了安全卫生委员会，也还会发生工伤事故。因此，管理、监督人员要采取以下具体解决方案：

①需要职业资格的作业，让作业人员取得职业资格后再安

排作业。生产现场中的特种作业需要职业资格。因此，向上司确认特种作业需要哪种资格，让作业人员取得所需职业资格后再安排作业，这就是根本。

②不默许作业人员的不安全作业，抓住现行当场指导。不要默许部下不遵守安全卫生相关法规作业。现场巡查过程中，发现不安全的行为要当场再次确认基本规则，如果不严责作业人员的话，不知什么时候就会发生工伤事故。

③对作业人员实施安全教育。作业人员是否发生不安全行为，取决于管理、监督人员对作业人员特别是对派遣员工和新入职员工实施安全教育、指导的程度。

④明确多次违反规则的人员和多次发生工伤事故的人员并予以严惩。同一个人反复违反规则、发生工伤事故，生产现场有这样的案例。此时，管理、监督人员必须警告当事人以观后效，发现再次违反规则，就与上司商量严惩当事人，如将其调离生产现场等。

⑤通过每天进行现场巡查发现不安全状态，防患于未然。管理、监督人员每天巡查生产现场，发现不安全行为和问题所在，当场提醒和纠正，这就是根本。管理、监督人员有责任发现工伤事故于未然，打造安全工作岗位。

SECTION ❹

防止发生工伤事故的6M检查

防止工伤事故对策的根本在于贯彻 6M 对策

Q：1 听说 6M 对策对于防止发生工伤事故很有效，具体做什么呢？

A：1 为了防止发生工伤事故，有效的方法是针对生产现场基本要素 6M[人：Man、机器设备：Machine、方法：Method、物料（物品和信息）：Material、管理：Management、观察和计测：Measurement] 制定对策。

①1M 关于"人"的对策。

·重视安全方面的规则。

·以健康的身体进行作业。

·适度休息消除疲劳。

·贯彻实施联络和信号。

·明确所分担的作业。

②2M 关于"机器设备"的对策。

·阀门上安装系统和功能标注，以使其能够识别。

·测量仪表与警报不要过多。

·安装必要的安全装置。

·在刀具和旋转部位安装保护装置。

·确保脚下和通道等的安全。

③ 3M 关于"方法"的对策。

·编写安全作业方法当作说明书。

·在早会等场合传达有关安全的注意事项。

·编写《安全作业步骤书》。

④ 4M 关于"物料"的对策。

·明确危险化学品和物料，标注使用方法。。

·彻底实施 5S 的定置（物品存放区、摆放方法、标注），以免掉落和翻倒。

⑤ 5M 关于"管理"的对策。

·打造安全管理的机制。

·加强安全卫生教育。

⑥ 6M 关于"计测"的对策。

·管理和监督人员观察不安全的行为，指导不安全的作业人员。

·计测有关危险状态的数据，提早掌握危险状态。

·为了预知危险，分析隐患（令人胆战心惊、吓人一跳的危险现象）实例，把它用到防出工伤事故于未然上。

表6-1

防止发生工伤事故6M检查表			
分类	项目	评价	备注
人	1. 是否总是致力于身心健康管理 2. 是否具有安全相关基本知识 3. 是否实施了安全相关教育 4. 管理、监督人员的职责与权限是否明确	[　]	
机器设备	1. 设备安全和保护对策是否明确 2. 设备使用方法是否标准化 3. 设备保养管理是否实施了 4. 防止设备发生故障对策是否实施了	[　]	
方法	1. 作业方法标准化是否实施了 2. 作业方法是否写成书面文件了 3. 作业方法的教育和训练是否实施了 4. 安全作业的对象是否明确	[　]	
物料	1. 是否具有物料的技术知识 2. 物料安全使用方法是否确定了 3. 物料保管方法是否标准化了 4. 物料所具有的危险性是否了解了	[　]	
管理	1. 安全委员会是否激活了 2. 安全卫生委员会是否积极活动了 3. 工伤事故是否减少了 4. 防止发生工伤事故对策是否实施了	[　]	
计测	1. 现场组长是否巡查现场了 2. 是否采集、应用隐患数据了 3. 是否指导了有不安全行为的作业人员了 4. 是否采取不安全行为相关改善对策了	[　]	
[综合印象]		合计[　分]	

注: 1. 评分方法: [良好: 3分], [一般: 2分], [无: 1分]
2. 评价: [60分及以上: 优秀], [59~41分: 要进一步努力], [40分及以下: 要从根本上对打造安全工作岗位重新进行评估]

SECTION❺

利用机器设备管理可以完成生产目标

Q:1 最近，虽然机器设备故障比较多，但是作业人员认为出故障后修理就可以了，生产率下降，这真令人头痛。请问机器设备故障产生的负面影响包括哪些？

A:1 机器设备发生故障会产生如下所述的多种负面影响。为了防止生产率降低，要让各作业人员充分理解这些要点，实施防止发生机器故障的措施：

①机器设备发生故障期间会停产。机器设备一发生故障就会停产，无法确保计划产量。因此，会损失预期利润。

②修理故障需要花一定的时间，这期间也会停产。修理花费的时间因故障的程度而异，这期间会停产，生产率降低。

③发生故障期间作业人员的时间白白浪费。机器设备发生故障期间，开动设备的作业人员无法进行生产，作业时间白白浪费。

④浪费修理故障用的材料费。修理机器设备故障，要使用零件和材料，因而造成经济损失。

186

⑤使得作业人员的生产热情降低。一旦故障频发，就会损伤作业人员的生产热情，干劲消失殆尽。作业人员有责任时，遭受上级的训斥，就越来越消极。

Q：2 为了防止机器设备发生故障，打算设置机器设备管理科，明确与制造科职责的划分，分担的职责怎样设定好呢？

A：2 机器设备管理不能兼职做。机器设备管理科与制造科应有的职责分别包括以下项目：

▲机器设备管理科的职责

机器设备管理科负责机器设备的计划、引入、维护、指导培养等。

①拟订机器设备计划。

②编写机器设备订货规格明细书，或者检查其他部门所编写的规格明细书。

③安装、试运行新设备。

④对修理和调整零件进行库存管理。

⑤编制机器设备检查用检查表。

⑥定期诊断、现场观察机器设备。

⑦对无法在现场修理的故障，拟定故障修理对策与防止再发生对策，并实施指导。

⑧编写机器设备操作与准备工序作业标准书。

⑨提议或者直接指导开展机器设备保养教育。

▲制造科的职责

制造科就日常操作机器时的正确操作和日常检查有以下职责：

①基于作业标准书，教育、训练正确使用设备的方法。

②日常检查和调整设备。

③修理轻微的异常（要限定范围）。

④机器设备发生故障时报修。

Q : 3 机器一发生故障，机器所属的工作岗位就报告，我感觉事实上原因是生产现场体制不佳。体制不佳有哪些具体表现呢？

A : 3 机器故障乍一看似乎是突然发生的，但事实上背后有生产现场体制不佳的原因，其表现如下：

①缺乏对作业人员的教育，所以未能正确使用。未对机器操作人员贯彻机器操作教育指导。必须基于作业标准书进行基础教育、指导。

②作业人员未按规定进行日常检查，因而无法发现故障前兆（微小缺陷）。机器故障通过班前检查发现，趁着还处于微小缺陷的状态调整、修理，可以防止突然发生故障。因此，要编写班前检查用的检查表。

③不贯彻 5S 当中的清扫。利用 5S 当中的清扫，一边清除机器上的污垢，一边进行检查，可以提早发现初期故障。

④对违反规则现象放任不管。监督人员对操作人员不适当的机械操作、检查偷工视而不见。

⑤设备的安装环境恶劣。因灰尘和高温导致机器反应失常现象较多，降低设备使用寿命。

SECTION❻

机器设备管理要转守为攻

Q：1 以前，生产现场针对机器设备管理始终是防守型体制。为了打破这种现状，转换成为能够防止发生故障的进攻型体制应该做什么、怎样做呢？

A：1 采用防守型的机器设备管理，别说消除停机的风险，连生产率都无法维持。因此，需要进攻型的机器设备管理措施。

▲防守型的机器设备保养

①认为发生故障了修一修就行。

②把重点放在修理上，轻视日常保养。

③以节省库存费用为名，减少用于修理的零件、材料的库存。

④不对后来的同事进行设备检查保养诀窍的教育和指导。

▲为什么会成为防守型的设备保养

①管理人员的方针错误。

②未考虑日常保养与故障修理的经济平衡。

③缺乏对作业人员与保全工的教育。

④监督人员缺乏指导力。

▲进攻型的机器设备保养

所谓进攻型的机器设备保养，就是指采用以下方法进行预防保养，提高生产率：

①进行机器设备的计划保养。

②规定操作人员日常检查方法。

③规定由保全工定期检查方法。

④贯彻"纯正5S"。

⑤发现并修理微小缺陷。

⑥提高机器设备诊断技术。

⑦提高机器设备修理作业速度。

▲实现进攻型设备保养的方法

①制订、实施进攻型的保养计划。

②把保养作业标准化。

③谋求降低机器设备相关的7大损失（参阅下节）。

④对管理、监督人员进行设备保养的教育、训练。

⑤对作业人员进行机器设备保养的教育、训练。

⑥培训修理作业专家以提高修理速度。

表6-2

机器设备管理检查表		
检查项目	评价	
	○	×
(组织) 1. 设备管理的组织是否已经建立 2. 设备管理负责人是否明确 3. 设备管理运营是否已经按照计划、实施、评估、改正的顺序实施 4. 向设备管理相关人员报告与指示系统是否明确		
(负责保养人员的责任和义务) 1. 负责保养人员的职责与权限是否明确 2. 负责保养人员是否有因本业以外的事情被支来支去 3. 是否有设备出故障是负责保养人员的职责这种自觉 4. 保全工是否已经按计划培养了		
(操作人员的责任和义务) 1. 设备是否正确使用了 2. 操作人员应负责的保养、检查是否实施了 3. 设备有故障时的处理方法是否已经了解、实施了 4. 是否已经对操作人员实施了设备管理教育		
(保养检查的标准化) 1. 是否有关于设备保养、检查的作业标准书或者检查表 2. 保全工以及操作人员是否依照第1条的资料做了 3. 是否已经及时变更了标准资料		
(设备故障的频度与停机时间) 1. 是否已经就设备故障计算发生率与强度率了 2. 是否已经努力减少因设备故障造成的停机时间 3. 要使用设备时是否马上就能使用(运行率)		
(登记、记录) 1. 是否已经就引入的设备登记台账 2. 是否已经记录了设备故障、修理等的履历 3. 第2条的记录对预防故障是否有用		

SECTION❼

机器设备的典型损失

要实践消除机器设备管理 7 大损失的措施

Q：1 我听说明确 7 大损失、制定对策是进行机器设备管理的有效方法。请问具体应该做什么、怎样做？

A：1 所谓机器设备的 7 大损失，就是指随机器设备管理而产生的典型损失。只有掌握这些损失的现状，制定改善对策，机器设备才能产生附加价值。机器设备管理部门与制造部门必须共同努力制定损失对策。

▲故障损失与对策

①所谓故障损失，就是指设备发生故障而无法发挥功能的时间损失。发生故障机器要停机，修理期间也要停机。于是，导致产量降低，利润受到损失。

②故障损失的对策。

·严守基本条件，诸如设备的清扫、加油、固紧（紧固螺丝）等。

·正确使用。

·不能对人为损耗放任不管。

·改善机器设备的弱点。

▲准备工序和调整损失与对策

①所谓准备工序和调整损失，就是指准备工序和调整耗费的时间损失。准备工序和调整本来不是产生附加价值的作业，但是准备工序和调整做不好，将导致质量不合格，可以说是性质恶劣的浪费。

②准备工序和调整损失对策。

·消除以单一准备工序（10分钟以下的工序）为目标的浪费。

·把机内式准备工序转变为机外式准备工序，进一步缩短机内式准备工序时间。

·作为零调整对策重新评估精度。

▲刀具损失与对策

①所谓刀具损失，就是指因变更加工物而更换刀具的时间损失、因刀具折损而更换刀具的时间损失、因更换刀具前后产生不合格品及修理等而造成的物质损失。

②刀具损失对策。

·检测刀具的折损。

·减少刀具使用寿命的偏差。

·引入测量刀具使用寿命的系统。

·延长刀具的使用寿命。

·追求最佳加工条件。

▲起动损失与对策

①所谓起动损失，就是指进行以下起动时造成的时间损失、物质损失。机器设备不能突然间就满载，必须通过预热让机器设备升温到适当温度，起动损失主要指这种损失。

·定期修理后起动。

·长期停机后起动。

·休假后起动。

·午休后起动。

②起动损失对策。

·测量热变形的实际状态，缩短预热时间。

·进行自动补偿。

▲暂停损失与对策

①所谓暂停，就是指因一时的小问题而停机或空转的状态。所谓暂停损失，就是指因短时间停机而产生的损失，累计到一年那就是巨大的时间与人工的损失。

②暂停对策。

·采取微小缺陷对策，因为短时间停机是微小缺陷引起的。

·追求最佳加工条件。

▲速度降低损失与对策

①所谓速度降低损失，就是指因计划值与实际速度之间有差异造成的损失。机器设备有本来计划的能力，生产现场要有把这些能力最大限度地发挥出来的措施。因此，必须掌握机器设备本来计划的能力现在处于哪种程度，明确实际能力设置得比较低的理由并进行改善。

②速度降低损失对策。

·减少不合格品。

·调查刀具使用期限是否已经到期。

·消除暂停。

·针对与机器设备相关的工伤事故原因制定对策。

·减少机器加工步骤与步骤间的空转。

▲不合格和修理损失与对策

①所谓不合格和修理损失，就是指不合格品的损失、修理不合格品耗费的时间损失和物质损失。

②零不合格对策。

·调查不合格品的原因。

·针对各种不合格原因，制定防止再发生对策（物料、工夹具、准备工序作业、机器操作方法的标准化与改善，贯彻教育和训练作业人员等）。

SECTION❽

安全卫生管理和机器设备管理

厂长常见苦恼 Q&A
【安全卫生管理和机器设备管理篇】

Q : 1 我厂发生很多工伤事故，其中以违反规则与疏忽失误居多，这真令人头痛。管理、监督人员说是当事人的问题，由于这种原因导致事故频发。针对这种原因，采取怎样的措施好呢？我一直为这个问题而苦恼。

A : 1 违反规则与疏忽失误，确实也有当事人的因素，但根本问题是管理和监督人员有责任，因为他们对那样的生产现场放任不管。既要明确管理和监督人员职责，又要重新评估日常行为。因此，必须就以下事项指示具体行为：

▲禁止违反规则

①教作业人员在安全卫生方面应该遵守的规则。教安全卫生方面的规则，如没有职业资格不得开叉车等。

②提供安全作业标准后再让作业人员作业。作业开始时，先提供作业标准，把安全方面的要点通俗易懂地进行说明，让作业人员理解后再安排作业。

③对派遣员工和新作业人员进行劳动安全的基础教育。因

为不知道而引起的工伤事故，并不是当事人的责任，而是管理、监督人员缺乏指导造成的问题。因此，必须针对缺乏经验的作业人员进行扎实的基础教育，内容包括工伤事故的可怕之处和安全方面的基本行为。

④发现了违反规则行为现场领导就提醒。现场领导一发现以下违反规则的行为就当场批评、指导。

·无视标准作业步骤作业。

·没有职业资格开动机器装置。

⑤公布违反规则频发人员名单并严厉处罚。现场领导通过观察发现违反规则人员时，在安全公告板上贴出来，并在早会上公布。下达指示，把违反规则频发人员的不良情况反映到员工评价中。

▲防止疏忽失误对策

①提醒身体不适的作业人员行动时注意，并予以特殊指导。

②让作业人员贯彻工作岗位的 5S，特别是整理、整顿，防止取错物品。

③采用连锁等方法实现万无一失（所谓万无一失，就是指即使作业人员操作失误了也应该没有危险）。

④通过改善机械装置的结构和系统实现故障自动保险（所谓故障自动保险，就是指即使机械装置发生故障也应该没有危险）。

Q：2 我听说防止机器设备发生故障，日常管理至关重要，不知道应该做什么、怎样做为好，这真令人头痛。请问日常管理的具体实施事项包括什么？

A：2 很多人都误认为只能是机器发生故障后再进行修理，于是日常管理马马虎虎，这种情况常见。因此，日常机器设备管理要点如下：

①实施清扫和检查。作业人员自己亲自动手清扫和检查机器，可以发现机器设备的微小缺陷。通过清扫和检查，也可以在早期发现故障。

②实施发生源头和困难部位对策。实施机器故障发生源头对策，对难以检查和加油的部位进行改善。特别是以难以检查和加油为由不积极实施，将会导致机器发生故障。

③设定加油基准与编制检查用检查表。与人的血液相同，对机器而言润滑油起着重要的作用。编写机器设备的加油基准、编制检查用检查表，填写实施结果。

④学习功能和结构。为了让机器发挥本来的能力，要学习机器的功能与结构。正确的知识有助于正确判定异常和故障。

⑤实施自主检查。明确作业人员有关设备保养的检查事项，作业人员自己亲自动手实施这些检查事项。监督人员通过确认检查记录，掌握机器设备的运行状态。

⑥实施整理和整顿。实施生产现场的整理与整顿。设备周边通畅，可以保证正确运行与保养。

第 **7** 章

没有生产管理与质量保证就无法让顾客满意

SECTION❶

需要跨部门的工序管理

生产管理与质量保证是让客户满意的根本
【实例研究】

▲生产现场的问题与厂长的苦恼

[实例1 "交货期延误止不住！"]

今天，客户企业也打来电话，就交货期延误一事发牢骚。顾客抱怨说由于我公司零件交货期延误，导致重要客户的生产线停产。这段时间，S公司装配工序延误频发，其结果导致交货期延误。山田厂长把装配工序的长田科长叫来，询问交货期延误的原因与对策，但是没有得到明确的回答。听长田科长解释，好像是由于上工序（机加工）的工序管理职责不清、供应商C公司零件交货期延误造成的。我公司有机械科、装配科、外包科这些工作岗位，但是却没有生产管理科这个部门。因此，一旦发生交货期延误就召集相关部门，各部门也总是相互推卸责任。但是，交货期延误是在工序中发生的现象，其结果导致交货期延误，在这一点上，各部门意见一致。因此，各部门希望设置管理工序的部门即生产管理部门，不过尚未采取具体行动。

203

事实上，我厂连生产计划也没有，生产计划是为适应顾客交货期变更根据各工序生产能力拟订的计划。如果就这样继续延误交货期的话，我真担心以后顾客是不是不下订单了。为了确保交货期，应该做什么、怎样做？山田厂长为这个问题而苦恼。

▲生产现场的问题与厂长的苦恼

[实例2 "未制定投诉对策"]

顾客针对质量的投诉不断。而且，很多被投诉的问题水平之低前所未有。已经实施了成品检验，可是为什么却有那么多这种低层次问题被投诉呢？山田厂长找不到其中的原因。投诉的内容老是"装配失误、忘记安装、工序遗漏"等，层次之低过去连想都想不到。因此，把质量管理科长叫来，询问针对最近的投诉制定了哪些措施，结果他仅回答说："检验要做的都做了。"没听到具体对策，山田厂长感到很失望。其后，征求生产现场管理人员的意见，调查生产现场现状。调查结果表明，最近一段时间投诉增多，其中不少是由派遣员工所涉及的作业引发的。另一方面，关于是否实施了防止新投诉再发生对策，这一点没有意见。我公司出现投诉后，发生投诉的负责部门有责任解决。未针对新发生投诉制定有效对策，厂长为这个问题而苦恼。

▲生产现场为什么变成这个样子了？问题的真正原因是什么？

交货期延误是因制造工序延误而发生的。其直接原因是发生作业失误、不熟练的作业人员作业速度降低、修理不合格品、机器故障等。生产管理部门的任务是，针对这些问题，以整体优化的观点针对工序内的问题进行调整，以免延误交货期。但是，S公司并没有生产管理部门。

另一方面，质量保证的任务在于，针对工序内发生的质量投诉，开展防止再发生的活动。但事实上，山田厂长的工厂显然没有那样的组织活动，负责部门仅在力所能及的范围内制定对策，不得不把针对新投诉的对策往后拖。

▲厂长怎样改变这样的生产现场好？

生产管理活动与质量保证活动的共同目的是追求顾客满意，而生产管理还有产生利润的目的。交货期管理、质量保证，都无法通过单个部门的局部优化达到本来的目的，必须有一个跨工序型的核心组织。因此，厂长要下达以下指示：

---

①打造负责生产管理的部门，让这个部门负责跨部门工序管理，以管理订单、确保交货期。
②设置新的组织，它针对所发生的投诉掌握发生的原因，针对真正的原因制定防止再发生对策。

第7章将具体介绍如何开展生产管理与质量保证活动。

SECTION❷

为什么工厂生存下去需要生产管理

`Q:1` 我厂有生产管理部门，但事实上不过是一个问题善后处理部门而已。听说生产管理部门是重要的顾客服务组织，请问生产管理开展活动的目标是什么？

`A:1` 生产管理的基本作用包括以下基本功能。哪一项功能都一样，只要做不到位就无法让顾客满意。

▲恰当地满足顾客的要求

①为了恰当地满足客户或营业部门的要求，要有单一化的客户服务部门，只有这样，对客户服务才能连贯。

②把客户或营业部门的要求传达、布置给相关部门。没有传达要求的部门，就连因业务员临时随便提要求造成的混乱也不会消失。

▲生产流程的生产计划、生产指示、工序管理

①生产管理最重要的业务就是生产计划与工序管理。可以利用生产计划确保工厂生产线运行，利用工序管理确保交货期。

②对设计、采购、制造、质量管理部门下达生产指示。没有对应生产计划的设计、采购、检验指示，各部门就会随意开展活动，必将造成混乱。

③实施管理生产计划进度的工序管理。生产现场每天都不断发生问题。为了消除各工序间的停滞，只有早期发现进度延误，对进度进行必要的调整，才能够按照与客户签订合同所规定的交货期交货。

▲维持 QCT（质量、成本、前置时间）与确保企业利润

①保证质量。

②确保客户的交货期。

③管理库存，确保利润。

Q：2 我知道生产管理的目的与作用，请问日常工作应该做些什么？

A：2 生产管理的日常工作包括以下事项，无论哪一项都对工厂生存至关重要，非做不可，其中维持工厂生产体系的重要项目是生产计划与工序管理：

①订单管理：近年来，客户提出的很多要求都是比较严格的，所以要积极适应客户的变种变量订货要求，搞清楚能够带来利润的生产方法。

②物流和配送管理：选择适当的物流公司，对应客户要求

（质量、时间、场所等）安排配送。

　　③生产销售会议：对应销售计划，定期召开生产销售会议，与营业部门讨论，明确确定订单和暂定订单内容，并反映到生产计划中。

　　④生产计划：基于营业部门的销售计划，考虑库存水平的设定量后，制订月度生产计划、周度生产计划。

　　⑤采购指示：要求相关部门下达采购指示，采购对应生产计划的材料和零件等，并进行交货期管理。

　　⑥内部制造、外包指示：做出基本判定即选择内部制造还是选择外包，下达指示要内部制造还是要外包，这与利润管理有关。

　　⑦制造指示：明确交货期，明确现场什么时间、做什么，下达生产指示。

　　⑧质量管理指示：一方面转达客户要求的质量水平，另一方面站在客户的立场上，把防止投诉再发生对策的重要性也转达给质量管理部门。

　　⑨工序管理（进度管理）：实时地掌握生产进度，调整进度。因此，与生产现场共同努力应用生产工序的"可视化"至关重要。

　　⑩库存管理：考虑到避免因仓库缺货导致丧失承接订单的机会，按品种进行管理。进行管理时，一方面注意产品销售，另一方面设定每一种产品适当的库存量，以免发生库存过剩。

⑪ 交货期管理：迅速适应客户瞬息万变的交货期，及时给材料和外包部门下达指示。

⑫ 能力和负荷管理：既掌握各制造工序和设备所具有的能力，又进行余力管理，适当地施以负荷，以能够适应变动。

⑬ 成本管理：为了确保利润，把可变费用、固定费用维持在目标水平。

⑭ 生产实际情况管理：设定有关工厂运行的各种指标，实时地予以掌握、分析、评估，明确问题，迅速地下达纠正处理指示。

SECTION❸

生产管理的根本从生产计划开始

Q：1 听说生产管理首先要制订生产计划，制订生产计划有什么益处？

A：1 生产计划可定义为："自承接顾客订单开始直至出货为止综合性的生产流程计划。"生产计划在于具体地规划与生产相关的5W2H（何时完成、在哪个工作岗位做、谁来做、根据什么做、做什么、做多少、怎样做）的流程。生产计划并非出自营业部门，而是以生产管理部门为主制订出来的，以便优化工厂各工序的工作量，这就是生产计划的根本。生产计划的基本目的是以下事项，但最终目的是确保企业利润：

①对应销售计划，确保交货期、生产数量。

②安排适合工厂生产能力的工作，确保适当的运行率。

③确定物料和零件的采购基准。

④适当地保持重要产品和物资的库存量。

⑤针对中长期生产计划，补充、安排人力和机器设备。

Q：2 在生产计划中设定交货期与数量后，必须制订哪些单个的生产计划？

A：2 为了编制生产计划并确实实施，生产管理部门必须编制

210

以下单个计划：

▲步骤计划

步骤计划是列为单个计划第一阶段的计划，它的目的是决定生产所必需的全部技术事项。研讨图纸、规格明细书、零件表，确定零件加工和装配最佳方法，并把结果作为 QC 工序表和作业标准书明确下达指示。设计图是展示产品最终外观的图纸，一个产品可以有多种加工方法，所以应用手头上有的生产资源，针对最佳质量、交货期、成本，规划优秀的加工方法，这称为步骤计划。这项活动与生产技术部门共同实施。

▲工时计划

所谓工时计划，就是指以下 2 个计划即能力计划和负荷计划，其目的是，针对根据生产计划所设定的不同产品交货期与产量，明确满足计划内容所需的工时，并分配工作量。此时，按工作岗位、按工序具体决定用几名作业人员、几台机器、花多长时间，针对该决定，掌握现有作业人员和机器的能力以进行调整，并按工作岗位分配工作。工时计划通常与日程计划齐头并进，但是制订明确了工时依据的日程计划至关重要。

①能力计划：是指这样一种计划，即以工时为单位要求各工作岗位保有的作业人员及机器设备生产能力，再以时间为单位计算，明确保有能力。

②负荷计划：根据能力计划掌握各工作岗位保有的生产能力后，作为负荷工时计算当前订货产品所需负荷，明确过多与不足。

▲日程计划

所谓日程，就是指从开始到完成所需的时间（或期间），日程计划的内容是加工时间与停滞时间之和。加工时间由标准时间决定，停滞时间由中工序工作量（负荷）与保有能力的平衡、工作流动方法决定。因此，必须在充分研究步骤计划和工时计划后编制日程计划。

▲小日程计划

小日程计划是确定日程表的计划，其中日程表是指在各生产工作岗位按个人和机器决定何时完成、做什么。这种计划以各工作岗位的管理和监督人员为主编制。

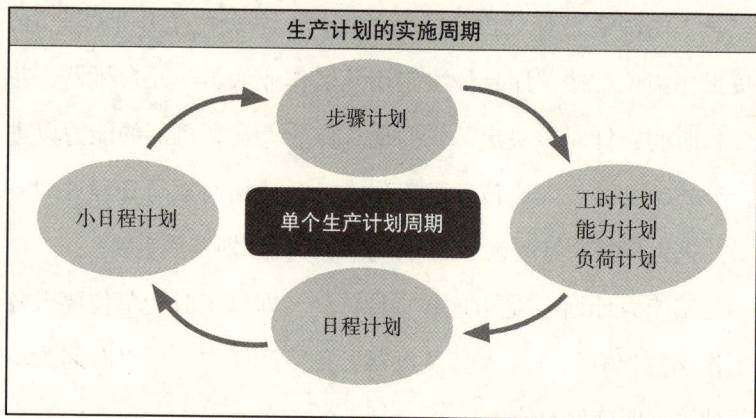

图7-1

SECTION❹

制订综合生产计划
生产计划这样拟订

Q:1 我厂已经开始实施生产计划，把订单甩给生产现场处理不管不问的现象消失了。但是，仅依照承接订单后的计划，承接订单以后会发生问题，这真令人头痛。我打算通过制订涉及时间稍长的生产计划，以提高工厂的客户服务力。请问此时有哪些制订生产计划的方法？

A:1 贵公司已经开始制订生产计划，因而可以认为能够加强针对订单变化的适应力。但是，为了进一步预测变化、加强竞争力，必须制订时间长一些的生产计划。那样的计划称为综合生产计划，它包括长期、中期、短期计划。所谓长期生产计划，就是指考虑到整个工厂未来的计划，其中包括生产战略性内容，诸如打入国外市场、新产品开发、新工厂建设。所谓中期生产计划，就是指包括生产系统修改类内容的计划，诸如变更产品种类和变更布局等。所谓短期生产计划，就是指从执行确定订单起的执行计划。因此，生产计划根据设定时间分类如下：

①大日程计划：指以工厂和企业为单位、规定为期半年至

一年之间月度生产品种与数量的计划，拟订计划时，计划周期是半年至一年，而计划单位也是半年至一年。该计划的目的是让工厂生存下去，必须以厂长为中心，各部门管理人员都参与筹划、推行。应该编制的主要计划包括设备计划、人员计划、外包计划、物资采购计划、新产品开发计划、工厂建设计划。

②中日程计划：指为期1~3个月的月度生产确定计划，它是一种规定所确定生产品种与数量的计划，拟订计划时，计划时间是1~3个月，单位是从1天到1旬。计划由生产管理部门编制。制订计划时，通过实施3个月前的暂定订单计划、为期1个月的计划，可以提高对订单的适应力，前者与销售计划相对应，后者与确定订单相对应。计划的种类由每种产品的生产计划、负荷计划、余力计划、采购和库存计划等构成。

③小日程计划：指为期1周至10天的详细生产计划，它是一种按机器和人员规定工作量的计划，拟订计划时，计划时间是半周至1周，单位是1~3天。计划并非以生产管理部门为主，而是以各现场为主编制。计划的种类由各生产线的负荷计划、余力计划、机器别和人员别计划、日别和小时别计划等构成。

Q：2 我让生产管理部门编制单个生产计划，但是编制步骤计划与工时计划好像有难度。做好这项工作抓住哪些要点好呢？

A：2 单个生产计划的精度，取决于步骤计划与工时计划的方法。步骤计划的要点如下：

①掌握自己公司的生产形态。

②不能仅重视部分工序的效率而是要重视整体最佳的观点。

③充分理解设计人员所希望的要点。

④基于技术和设计标准设定工序。

⑤注意不要在工序间出现停滞和等待。

⑥提高负责步骤计划人员的水平。

⑦掌握固有技术（指精益制造绝对需要的技术。——译者注）、管理技术（指能够以低成本快速地生产优质产品的技术。——译者注），制订能够使二者保持平衡的计划。

⑧贯彻各工序的标准化。

接下来，根据工时计划确定计划精度。工时计划首先需要各工序的能力计划。能力计划以小时为单位计算，但应先以工时为单位求出工厂保有的作业能力（工序能力）。工时以作为工作量单位的小时（总作业时间）表示，一般多采用人 / 小时。

▲人员能力（工作人员能力）的计算方法

所谓人员能力＝ C_p ，就是指在实际工作时间中可以直接从事作业的时间，计划时间中对象工作岗位人员能力可用公式表示如下：

$$C_p = M \times T \times x \times (1-y)$$

公式中，M：换算人员（把实际人员换算成实务能力 { 设标准能力为 1.0}，但是必须考虑新入职员工和派遣员工的能力要设定为 1.0 以下，否则参加生产活动后会发生缺乏能力现象)；x：出勤率；T：计划时间中的实际劳动时间（实际劳动时间按照上班天数乘以 1 天的实际劳动时间求得)；y：间接作业率（指间接作业和等待的发生率。如果作业已标准化且稳定的话，则接近于零)。

SECTION❺

对进度管理的支持

要通过应用"可视化"的工序管理防止交货期延误

Q:1 我厂引入了生产管理系统，但是对进度管理的支持滞后，发生交货期延误，这真令人头痛。听说应用"可视化"很有效，怎样做好呢？

A:1 你提到的生产管理系统是一种 IT 系统，它是这样一种机制，即定期输入数据，以按事后处理方式掌握生产进度状态。另一方面，实施生产进度管理，以监督人员为主体，是实时工序管理活动的一环。

①进度管理的目的是什么？所谓进度管理，就是指这样的管理活动，即准确无误地掌握生产现场中生产的实施情况，弄清生产进度比生产计划落后及其原因，实时地进行必要的挽回处理，以完成生产计划。使用生产管理系统，始终要基于生产工序所报告的制造数据，因而可以说实时进度管理很困难。

②为什么进度管理需要"可视化"？为了进行进度管理，负责生产管理的人员必须在生产现场迅速地掌握生产信息，明确进度延误状况，以期实时地进行挽回处理。因此，必须应用可

视化的装置，在制造现场共享事实信息。用眼睛确认什么延误了、延误了多长时间，能够明确延误原因，就可以开始采取必要的挽回对策。

如果生产计划按日程计划进展顺利的话就没有问题，但是今天像平常一样收到增加订货和交货期变更等通知，再加上发生不合格和机器故障等，计划与实际之间很可能会频繁地出现差异。因此，应用拿眼睛看的管理机制就是必要条件。

表7-1

生产实际情况管理板							
						年 月 日	
品种	时间	计划	计划累计	实际	实际累计	差异(%)	
BN–001	8:00—9:00	300	300	300	300	0	
BN–090	9:00—10:00	200	500	180	480	−20(4)	
BC–080	10:00—11:00	300	800	200	680	−120(15)	
CD–110	11:00—12:00	250	1050	240	920	−130(12)	
CS–220	13:00—14:00	180	1230	250	1170	−60(5)	
BX–560	14:00—15:00	300	1530	290	1460	−70(5)	
CA–110	15:00—16:00	400	1930	320	1780	−150(8)	
AD–220	16:00—17:00	350	2280	500	2280	0	

挽回对策(填写原因与对策)
1. 11时,因机器(#2号机)故障而发生延误
   修理故障,其他机器(#3号机)还在生产
2. 12时,因无法挽回延误,所以已修理好的机器午休期间运转
3. 16时,因材料不合格而发生延误
   从仓库领料,增派2人加工
   实施,17时完成预定数量

事后处理
1. 当天查明故障原因,连其他机器也预先检查
2. 请质量管理科调查材料不合格的原因

部门名称:机加工班   负责人:佐藤班长

SECTION ❻

目前要求的质量保证应该做什么

Q : 1 最近，我公司产品客户投诉有增多的趋势。近年来，我厂始终未发售新产品，但为什么投诉有增多的趋势呢？

A : 1 厂长要掌握工厂内外经营环境的变化，以自上而下的方式下达指示，只有这样做，才能够实践工厂得以生存的措施，不被市场淘汰。要说为什么，是因为事实上最近投诉增多，不仅贵公司，很多工厂也都经历过了的缘故。其原因包括如下内外变化。除非厂长针对这些变化认认真真地起带头作用、构筑质量保障体系，否则辜负顾客期望的风险就增大。

▲工厂内部变化

①正式员工从生产现场消失，以派遣员工为主的非正式员工激增，派遣员工和年轻新入职员工成了生产现场的主力军，这样的生产现场正在演变成站前广场。

②生产现场以缺乏经验的派遣员工和年轻新入职员工为主体，质量投诉、作业失误、交货期延误等正在增加，这些问题

220

水平之低以往连想都想不到。

③派遣员工是生产现场中唯一产生附加价值的原动力，生产现场管理和监督人员缺乏在短期内培养派遣员工的经验，所以就不积极地指导他们，采取视而不见的态度。

▲工厂外部变化

①目前，在很多企业中，辜负客户期望的安全与质量相关事件增多，于是消费者对于厂商的不信任感极度高涨。

②此前因不太严重而能够得到宽容的质量问题，很多消费者也不依不饶了。而且，只要一发生投诉，瞬间就在网上曝光传遍全日本，导致企业陷入经营危机。

Q:2 为了提高我厂的质量保证水平，我们打算为通过 ISO9001 认证（质量管理认证体系）而努力，通过 ISO9001 认证有效果吗？最近，听说有退证的企业，是否应该通过认证呢？我心中有些不安。

A:2 ISO9001 标准是称为质量保证国际标准的体系。20 世纪 90 年代，很多工厂经过努力通过了认证，以证明质量保证水平高。但是，认证后出现以下症结的情况增多了：

· 未能取得所预期的经营改善效果。

· 质量保证是形式上的，产品质量与以前相比反而降低。

· 管理程序复杂，裁决速度减慢。

·以应付外部审查为目的，是保守型的工厂体制，仅做规定的工作就行。

原以为 ISO9001 认证的目的是提高质量保证水平，但事实上投诉却减不下来，防止再发生对策也不起作用，这个现实成了很多企业的心病。其原因包括如下几点：

① ISO9001 始终只是写成文字的经营管理体系，仅通过认证并不能提高质量水平。

② ISO9001 是以提高顾客满意度为目标的管理体系，并非以提高质量保证水平为目标。

笔者多年来分析了大量企业通过认证的方法，结果得出一个结论：除非通过认证前首先致力于自己公司的人员培训与加强改善能力，否则就不会有提高质量保证水平的效果。

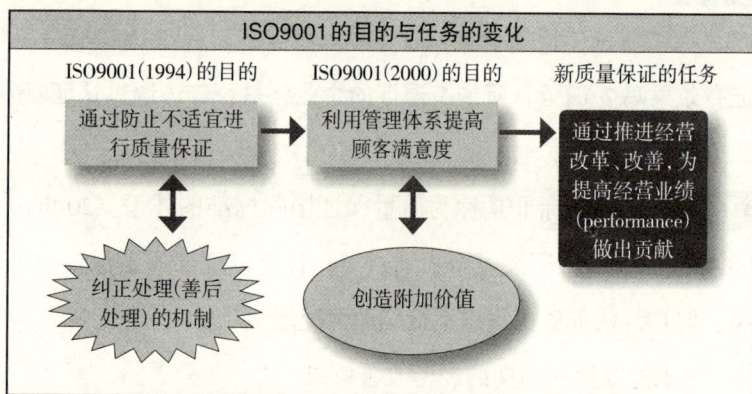

ISO9001的目的与任务的变化

ISO9001(1994)的目的 → ISO9001(2000)的目的 → 新质量保证的任务

通过防止不适宜进行质量保证 → 利用管理体系提高顾客满意度 → 通过推进经营改革、改善，为提高经营业绩(performance)做出贡献

纠正处理(善后处理)的机制 ←→ 创造附加价值

图7-2

SECTION❼

质量管理部门的任务
质量保证要通过实践质量管理巩固基础

Q：1 我公司有质量管理部门，但是主要凭经验发现不合格品，无法实现真正意义上的质量管理。请问正确的质量管理方法是什么？

A：1 质量管理仅依靠凭经验发现不合格品的检验活动，无法得到保证质量的效果。因此，必须有以下思路：

▲质量管理的任务和行为

①验收。验收的目的不仅在于收货时发现不合格品，而且还在于提高外包产品的质量。因此，发生质量不合格后，必须首先与外包单位联络，要求他们提高外包质量。

②工序内部检验。工序内部检验的目的不仅在于不合格品不进入后工序，而且还在于要求发生不合格的工序防止再发生。

③成品检验。成品检验的目的是为顾客提供成品质量保证。一方面进行成品功能和性能试验，另一方面以书面形式确认一系列的检验结果，确认符合顾客要求后才允许出货。

▲检验标准和基准

①检验基准基于产品标准编写，而且比产品标准更严格。

②检验方法作为检验标准书编写，并指导、培养检验员。

③把对检验不合格品的异常处理方法标准化，并让他们遵守。

▲检验设备、记录

①检验器具进行校正，给校正过的设备挂上识别标识，进行更新管理。

②保留检验记录与校正记录，存放一定时间。

▲培养检验员

①把检验员的教育训练分为质量管理教育与检验实务有计划地实施，基于认定基准（成品检验员等）进行公司内部认定。

表7-2

质量管理部门的主要检验业务
①计划相关业务
· 编写检验基本计划和检验标准 · 选定检验方式和抽样方式 · 研发检验技术 · 改善检验业务
②实务管理业务
· 实施检验业务指示 · 对检验区进行环境管理 · 编写检验日报 · 实施现场检验、上门检验
③检验信息管理业务
· 编写、保管检验基准文件 · 编写、保管检验记录书 · 编写检验结果的信息,并提供给相关部门 · 管理检验相关图纸和规格明细书
④异常品处理业务
· 对检验不合格品进行现货管理 · 对检验不合格品进行现货处理 · 特许采用处理 · 调查不合格品的原因、防止再发生对策
⑤检验设备管理业务
· 选定、采购检验设备,并进行验收管理 · 登记检验设备,并进行保管管理 · 校正及可追溯性管理 · 制作检验工夹具,并进行维持管理
⑥检验员及外包工厂的培养业务
· 教育和训练检验员 · 编写检验教育教材 · 特殊考试和训练检验技能 · 计划和实施质量管理教育 · 向外包工厂反馈质量信息 · 培养外包工厂,并指导质量管理

SECTION ❽

要通过应用 QC 工序表实践质量保证

Q : 1 我公司工序中发生了质量不合格，其结果工序返工和修理的浪费频发，而且还遭到投诉，导致交货期延误。听说 QC 工序表对工序中的质量保证很有效，这是为什么？

A : 1 QC 工序表是对工序中的质量保证有效的工具，没有 QC 工序表，就会发生以下问题：

· 没有系统地表现质量保证计划的格式和资料。

· 各工序中应该进行质量保证的特性不明确。

· 处理发生不合格问题费时间。

把 QC 工序表应用到工序中的质量保证上，其目的如下：

①利用 QC 工序表明确质量保证的程序。

②明确应该使用的作业标准书和制造基准。

③明确生产工序中应该准备的制造条件与工序嵌入质量。

④发生不合格和麻烦时，通过明确各工序的质量管理项目迅速解决问题。

Q : 2 请问用好 QC 工序表的要点是什么？

`A : 2` 用好 QC 工序表的要点如下：

①向作业人员充分说明 QC 工序表的使用目的后再使用。

②从向初学者介绍术语入手，说明 QC 工序表与作业标准书要配合使用。

③强调 QC 工序表就是一览表因而使用很便捷。

④把 QC 工序表放入卡片匣中，便于使用，不容易弄脏。

⑤保管 QC 工序表时先整理好，以便能够马上取出。

⑥实时进行 QC 工序表的变更管理，使得 QC 工序表始终是最新版本。

⑦现场监督人员定期检查是否在应用 QC 工序表。

⑧如果 QC 工序表的内容有不完善之处则立即修订。

表 7-3

QC工序表实例									
QC工序表			产品名称		轴		产品编号	MC-901	(1/1)
			文件编号		QC-98001		发放部门	生产技术部	
工序编号	工序内容	管理要点		管理方式					
		管理项目	质量特性	基准、标准	场所	检验方式	检验装置	记录	异常处理人
10	材料验收	—	外观数量	验收单	材料仓库	全数	目检	—	仓库股长
20	端盖加工	调整模具	加工尺寸	作业标准书、No.12图	机械工厂B线	自检	游标卡尺	—	机械股长
30	切削加工	加工速度	切削尺寸	作业标准书、No.13图	机械工厂A线	自检	千分尺	—	机械股长
40	钻孔加工	加工速度	孔径孔深	图纸	机械工厂D线	自检	游标卡尺	—	机械股长
50	热处理(特殊工序)	温度时间	表面硬度	特殊工序标准	热处理工厂1号炉	工序内部检验n=5/批	洛氏硬度计	工序检验记录书	热处理班长
60	研磨加工	调整工具	表面粗糙度	作业标准书、No.14图	机械工厂B线	自检	粗糙度测量仪	—	机械股长
70	防锈处理	刷漆	附着状态	防锈作业要领书	涂装工厂	自检	目检	—	机械股长
80	成品检验	—	—	检验基准书、No.15图	检验室	全数检验	游标卡尺/千分尺	成品检验记录书	检验股长
修订编号	年月日		修订内容				制表	年 月 日	
							批准	确认	制表

228

SECTION❾

防止投诉再发生对策

要通过实践投诉对策基本步骤消除客户的不满

Q：1 我公司质量不合格与投诉增多，不能迅速处理，而且不断再发生，一波未平一波又起，厂长也被追究责任，这真令人头痛。请问针对这些问题应该用什么思路处理？

A：1 此时，对厂长而言，重要的是对管理和监督人员下达指示，告诉他们针对问题具体如何思考、应该采取哪些行动。特别是针对投诉和质量不合格，必须立即处理刻不容缓，要按以下思路行动。

▲防止质量不合格对策的思路

①质量不合格对策在从设计到制造的全部工序中共同实施，这就是根本思路。

②质量不合格对策的根本是作业的标准化。质量不合格是作业人员作业方法偏差造成的。因此，对作业人员实施教育训练就是防止质量不合格的重要对策。

③质量不合格对策，等发生后就晚了。必须有预防性的对策。因此，要采用"纯正 5S"打造不发生质量不合格的工作岗

位环境。

▲防止投诉再发生对策的思路

①投诉对策中，最为重要的是迅速处理。不论多么高明的对策，实施晚了的话就失去了意义。

②因此，临时对策迅速实施，永久对策迅速且切实实施，这就是根本思路。

③如果发生投诉的话，受理部门准确地掌握发生的情况，并提供信息，以便确实判定需要怎样处理。

④为了切实实施防止投诉再发生对策，责任部门进行调查，掌握真正的原因，确立可以消除这些原因的对策，并确认效果。

表7-4

防止投诉再次发生的10个步骤	
步骤	实施内容

1 受理投诉，根据三现主义行动

↓

2 就6M（人、方法、机器设备、物料、管理、计测）调查原因

↓

3 实施立即就可以实施的临时对策

↓

4 采用QC方法与原因分析法，查明真正的原因

↓

5 针对真正的原因，研讨防止再发生对策，并决定必要的对策

↓

6 确定经办人与实施期限后开始实施

↓

7 确认防止再发生对策的实施结果

↓

8 检查防止再发生对策的步骤是否确实实施

↓

9 如果防止再发生对策没有效果，则返回步骤4重新研讨对策

↓

10 水平展开防止再发生对策(也针对相关事项制定对策)

SECTION⓾

厂长苦恼问答

厂长常见苦恼 Q&A
【生产管理和质量保证篇】

Q：1 根据厂长的指示，我厂设立了生产管理组织，但是工序管理活动不能顺利开展，这真令人头痛。请问为了改变这种局面，工序管理的业务内容具体应该做什么？

A：1 生产活动有双面性，即物的流动和人的活动。因此，工序管理把物与人两个方面作为主要对象。不明确这一点，工序管理就不能很好地发挥作用。所谓工序管理，就是指基于单个的生产计划管理每天的生产工序，生产管理部门具有以下 4 个职能。工序管理必须分清职责范围再予以实施，生产管理部门负责工序与工序之间，而各制造部门则负责工序内部。

①进度管理：进度管理是指这样的管理活动，即掌握物资的交货情况和各工序的进展情况，促进延误的作业加快进度按期交货。应用生产实际情况管理板等的"可视化"，实时地掌握延误并设法挽回。特别是生产管理必须下达指示，要求尽快采取措施处理所掌握的延误。

②余力管理：余力管理是指实现以下目的的管理活动，即

掌握作业人员和机器的余力（生产能力与作业量之差），应用其余力提高运行率。通过各生产线的管理、监督人员掌握各工序相对于生产计划的余力情况，进行必要的负荷调整，如由其他工作岗位支援等。

③现货管理：现货管理是指用于掌握物品移动并搞好物品流动的管理活动。必须采用5S的定置把半成品和不合格品"可视化"，迅速判断是否发生了现货问题。

④资料管理：资料管理是指这样的管理活动，即汇总、记录每天的实际情况，编写管理资料和生产性资料，迅速向有关部门报告生产管理信息。

Q：2 我厂让年轻管理人员负责进度管理，但是进度管理的判断环节含含糊糊，快要发货了才发现延误，搞得比较乱，这种情况很多，真令人头痛。如何确实掌握进度情况？

A：2 应用以下"可视化"方法，就可以明确地判断进度：

①采用生产实际情况管理板的方法。计划栏与实际栏不一致是生产不正常的状态。如果实际栏的日期延误的话，就可以发现延误了那么长的时间。

②利用现场巡回发现的方法。这种方法是指负责工序进度的人员巡回所负责的工作岗位、调查工序延误。为了顺利地使用巡回方法，必须事先在现货上做好日程标识。还可以为工序延误的批次挂红签，让这一规则在现场扎下根，就能够仅调查

挂红签的半成品。

　　③召集现场监督人员进行检查的方法。这种方法是指每天早上把监督人员召集到现场办公室，仅请他们报告前一天进度情况中延误的批次。调查的时机，最好是早会前。

Q：3 投诉和质量不合格频发，这真令人头痛。请问搞好质量保证活动的要点是什么？

A：3 近年来，企业欺骗客户的行为频发，其结果，客户要求的质量水平变得特别严格。因此，为了保证质量，采取以下措施至关重要：

　　①开展这样的活动，即利用 QC 方法与原因分析法，深挖投诉和质量不合格，彻底追查真正的原因。依赖临场处理，会反复再发生。

　　②为了搞好预防活动，不断实施改善，研究怎样做才能打造上乘的产品质量。

　　③把检查活动的目的从重视发现不合格转变为重视防止不合格再发生。

　　④通过监督人员巡查现场，发现发生麻烦和不合格的前兆，防患于未然。

　　⑤质量不合格是由于作业偏差产生的。为了防止出现偏差，致力于作业标准化，教育、训练作业人员，让他们掌握技能。

　　⑥工作岗位站前广场现象蔓延，时间就不够用，因而作业

人员就偷工。为了防止此类现象发生，需引入"纯正5S"。

⑦工作岗位安装可视化管理板，公示质量不合格和投诉信息，提高工作岗位的质量意识。

⑧设定削减不合格和投诉的目标，全员参与努力削减，持续采取有成就感的措施。

第 **8** 章

采用"6M原因分析法"增强问题解决能力

SECTION❶

没有问题解决能力的企业无法生存下去
【实例研究】

▲生产现场的问题与厂长的苦恼

[实例1"问题意识差"]

　　生产现场中派遣员工从几年前就开始增加了，工伤事故也与之成正比频发。上星期装配工序出了一场工伤事故，一个派遣员工从装配机器上摔下来，头部受创昏迷不醒，有人叫来了救护车。以前，没有发生过这种坠落事故。为什么不熟练的作业人员出事故增多呢？最近，对这个问题想不通。井上厂长给制造科山下科长下达指示，让他调查原因并制定对策。其后，过了1个月时再找山下科长问有什么对策，结果他回答说："那是由于当事人不注意与疏忽失误造成的，今后注意。没特意制定对策。"但事实上，到了今年，夹伤事故和坠落事故比以前增加了近9倍。有些管理人员认为这类现象纯属偶然，这种思路无论怎么想也是非常可笑的。为什么新问题频发却不打算从正面解决呢？

　　因此，召集制造部门的管理和监督人员，听取他们对最近工伤事故增多的意见。于是，很多管理和监督人员说道："这样的事情以前没有过，我们自己也为难。"这种事不关己的发言特别刺耳，让井上厂长心里很别扭。此时，井上厂长说道："发生工伤事故是工厂的严重问题，它让生产率与作业人员的积极性降低。掌握这些问题的原因，制定防止再发生对策，这难道不是管理和监督人员的职责吗？"虽然井上厂长这么说，但是却没有什么特别的反应，井上厂长的苦恼又加深了。

▲生产现场的问题与厂长的苦恼

[实例2 "不抓问题的本质"]

今年，第1生产线质量不合格频发。据称，一般认为其原因有很多，诸如机器故障、作业失误、材料不合格等。但是，归根结底这背后似乎还是人的问题。问第1生产线的筒井股长，对于质量不合格采取了哪些措施，结果他回答说："去设计部门让他们把图纸改了。"尽管如此，还是反复再发生，怎样做好呢？自己也为难。据称，第1生产线新作业人员比较多，不熟悉作业的作业人员多或许也是原因之一。今年，有老资格作业人员退休，生产线技能水平明显降低。筒井股长忙于改正作业失误，顾不上防止再发生什么的了，这看起来才像真心话。另一方面，井上厂长增强了危机感，他认识到不针对因最近生产现场变化引起的新问题采取一些措施，工厂就无法生存下去。虽然知道必须采取对策，诸如培养作业人员、作业标准化、设定管理基准等，可是怎样做好呢？井上厂长每天为这个问题而苦恼。

▲生产现场为什么变成这个样子了？问题的真正原因是什么？

由于自 2007 年起婴儿潮时期出生的一代大量退休，非正式员工增多，因而近年来生产现场产生了巨大变化。这种人员变化的结果是生产现场混乱，发生问题的水平之低前所未有，这些问题以不同形式反复发生。在这种生产现场做工的人员素质下降，所以发生工伤事故激增、质量不合格与投诉增多等问题，很多工厂这种现象并没有绝迹。另一方面，说到工厂的管理和监督人员，面对这些新发生的问题，还真难以判断为什么发生、应该怎样处理问题。这是因为过去未经历过的问题频发的缘故。要通过解决问题打造新的生产现场。

▲厂长怎样改变这样的生产现场好？

不针对因生产现场变化而发生的新问题实施具体的对策、解决问题往后拖，问题就会反复再发生，最终辜负顾客的期望。为了避免发生这种风险，成为在新时代生存下去的工厂，应用解决问题方法至关重要。解决问题的方法有很多，厂长要下达以下解决问题的指示：

①给管理和监督人员下达指示，让他们基于事实掌握变化的生产现场问题。
②同样地下达指示，让他们学习和应用未掌握的解决问题的方法。

第 8 章将介绍如何解决生产现场中发生的新问题。

SECTION❷

解决问题的措施
解决新问题的基本步骤是什么

Q:1 最近,我厂前所未有的问题频发。相应地,虽然以管理人员为主致力于解决问题,但是结果却不明朗,这真令人头痛。如果继续这样,工厂是否能够生存下去也令我担心。按照哪些步骤努力解决新问题好呢?

A:1 贵公司的现状很多工厂也同样遭遇过,这是很严重的问题。仅依靠管理人员个人经验的方法,现在已经无法防止问题再发生了。其理由已经介绍过,就是因为最近所发生问题的原因与以前不同的缘故。为了解决问题,必须按照以下4个步骤努力:

步骤1 问题表面化流程。问题发生后再采取对策就晚了。要趁着问题还处于萌芽状态,提早使其表面化并加以处理。因此,需要制定措施,使得管理和监督人员能够捕捉问题的前兆,以防止发生问题。

步骤2 形成问题流程。如果发生问题的话,则根据三现主义掌握事实后,首先把发生问题的事实划分层级。通过划分层级,可以明确地掌握发生问题的背景,进一步采用帕累托分析法筛选症结。

步骤3 调查真正原因流程。针对症结，采用 6M 特性要因图查明原因。查明原因后，筛选主要原因，必要时采用"6M 原因分析法"明确真正原因。

步骤4 解决问题实践流程。针对发生问题的状况明确削减目标，针对 6M 原因明确防止再发生对策。实施对策时，明确负责实施的人员与实施时间，制订实施计划。实施对策的结果，如果有效果的话，则把对策内容标准化，并让对策扎下根。

表8-1

\multicolumn{5}{c}{解决问题的步骤}
No	基本步骤	单步	思路和方法	推进方法
1	问题表面化流程	预防发生问题	通过实践基本活动,防发生问题于未然	·纯正5S ·可视化 ·标准化 ·多能化
		发现问题	先行一步发现问题与浪费	·领导行为 ·消除浪费
2	形成问题流程	掌握现状	根据三现主义掌握现状的事实	·5W2H ·6M
		分析问题	把事实划分层级,利用帕累托分析法筛选特性	·划分层级 ·帕累托分析法
3	调查真正原因流程	形成原因	根据6M明确特性的原因	·分解成6M要因
		调查真正原因	采用"6M原因分析法"掌握真正的原因	·6M原因分析法
4	解决问题实践流程	设定目标	针对现状定量设定完成目标	·完成目标计划
		拟定解决对策	针对真正的原因拟定6M对策	·6M对策
		实践对策	实践并展开解决对策的PDCA	·PDCA循环
		对策扎根	确认对策效果,通过标准化让对策扎下根	·标准化

SECTION❸

根据三现主义与 6M 掌握事实以成功解决问题

Q : 1 我了解生产现场发生问题后的行为至关重要，但是很多管理和监督人员的行为并不积极，这真令人头痛。请问需要怎样的行为？

A : 1 就像您的问题里面提到的一样，犯懒惰病的管理和监督人员里面，有很多人即使发生问题了也仅仅是举着手机发号施令，不实践三现主义处理问题。问题无法解决的原因，就是不能够确实实施三现主义（直接到现场，用自己的眼睛观察现货，倾听相关人员讲述实际情况）。问题和麻烦频发，仅凭过去的经验无法处理，行动不积极就更无法解决问题了。厂长做好以下指导至关重要，即发生了问题后，立即直接到生产现场，掌握变化的现象，没有这样的行为，就连掌握问题的实际情况也无法做到。

Q : 2 我公司生产现场最近发生的问题，很多都超出了以往的常识范围，真不知道怎样掌握生产现场的实际情况好。为了掌握发生问题的事实，应该做什么、怎样做好呢？

A:2 近年来，生产现场发生的问题，很多现象无法利用以往的工作岗位常识理解。其背后，有在生产现场干活的人员变化导致现场力降低的原因，其中人员变化具体来说是指非正式员工增多、年轻新员工替代婴儿潮时期出生的一代。其结果，采用符合以往常识的对策不再奏效。在这种情况下，需要新的着眼点以期掌握现场的实际情况。笔者在多个生产现场进行试验，总结出了采用6M法掌握现场的方法。这种方法根据6个M（6个项目对应的英语单词字头都是M）掌握生产现场问题的背景，以确实掌握新的问题，其思路如下。

生产现场的基本要素包括6个，称之为6M。根据6M掌握现状，根据6M分析原因，根据6M拟定防止再发生对策，根据6M实施对策，这些对解决问题至关重要，非做不可。只要这样做，就可以打造懂得根据6M解决问题的新生产现场。

1M 人：Man（上司、领导、作业人员）。

2M 机器设备：Machine（机器、设备、工具、夹具、系统）。

3M 方法：Method（作业标准书、QC工序表）。

4M 物料：Material（物品、生产信息[作业指示书]）。

5M 管理：Management（工序管理、设计管理、质量管理、制造管理等的管理标准和规则）。

6M 计测：Measurement（计测、检验、确认、检查、观察）。

表 8-2

6M要素详解

"嵌入质量" 的基本要素包括6个事项，称之为工序(流程)的6M，由以下要素构成。解决问题时，根据6M掌握现状，根据6M分析原因，根据6M拟定防止再发生对策，根据6M实施对策，这些对解决问题至关重要，非做不可。

1M 人：Man(上司、领导、作业人员)

2M 机器设备：Machine(机器、设备、工夹具、系统)

3M 方法：Method(作业标准书、QC工序表)

4M 物料：Material［物品、生产信息(作业指示书和作业标准书)］

5M 管理：Management(工序管理、设计管理、质量管理、制造管理的管理标准和规则)

6M 计测：Measurement(计测、检验、确认、检查、观察)

SECTION❹

明确问题的本质

通过划分层级并采用帕累托分析法筛选症结

Q：1 发生问题后被眼前的现象牵着鼻子走，不能捕捉问题的本质，这真令人头痛。怎样处理才能捕捉问题的本质呢？

A：1 为了解决问题，必须明确问题的本质（称之为症结）。明确了问题的本质，对策就明确了，问题的原因也就看得见了。

①虽说相同的问题无论何时总是一件一件地在相同的情况下发生实属罕见，但是其基础层面上必定潜伏着共同的要素（症结）。

②"问题"与"症结"不同。所谓问题就是指为难和办不好的表面现象，所谓症结就是指要根据问题深处的本质制定对策的具体现象。不向症结开刀，就无法真正解决问题。

Q：2 如果能够掌握症结，那么接下来如何筛选症结呢？

A：2 为了筛选症结，划分层级与帕累托分析法是有效的。采用这些方法分析，称为趋势分析，可以针对所掌握的事实筛选确切的症结。应用分析方法的要点如下：

①划分层级：所谓划分层级就是这样一种方法，即掌握现状后，按作业人员、产品、工序等给数据分组，准确地掌握重要的组，而并非笼统地分析现状。有些现象乍一看很复杂，通过划分层级可以掌握位于这些现象背后的问题趋势和本质。

②帕累托分析法：所谓帕累托分析法就是这样一种分析方法，即把问题的内容划分层级后，把那些数据按降序排序并以图象（帕累托图）的形式表示出来。这种掌握重点的方法称为帕累托法则，利用帕累托法则可以掌握主要症结，它仅占20%的比例，却能影响80%的结果。

划分层级、帕累托分析法实例

① 质量管理3大要素是划分层级、帕累托图、特性要因图,为了解决问题,必须应用这些方法。首先,根据三现主义充分地掌握现状。

② 所谓"划分层级"就是这样一种方法,即按作业人员、产品、工序、材料等分组掌握现状,而并非笼统地调查现状,以准确地掌握看起来重要的现状。通过划分层级可以掌握位于复杂现象背后的问题趋势和本质。

③ 所谓帕累托图就是这样一种图,即把不合格和症结等内容划分层级后,把那些数据按降序排序并以图像的形式表示出来。一般把这种掌握重点的方法称为帕累托法则,利用帕累托法则可以掌握重点,它仅占20%的比例,却能影响80%的结果。

帕累托图

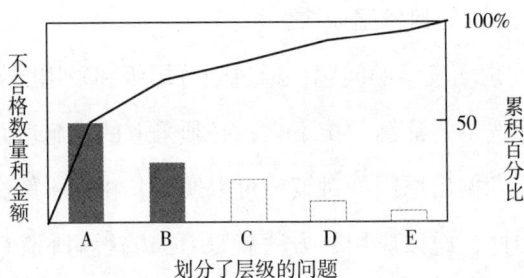

④ 以利用帕累托图所掌握的症结为"特性",作为应该解决的症结设定"特性要因图"。

⑤ 绘制"特性要因图"时,组成小团队,几个同事一边提出各种意见一边绘图,可以基于广泛的观点准确地掌握原因。

⑥ 作为症结,"特性"尽量用一类现象具体表现。

⑦ 大框架以6M要因为中心设定。这种分类能够得到有效对策。

⑧ 中级框架设定所考虑大框架6M项下共同的原因。

图8-1

SECTION ❺

采用"6M 特性要因图"进一步深挖真正的原因

Q：1 必须针对所筛选出的症结发掘症结的原因，但是无法按预期发掘。请问如何发掘症结？

A：1 生产现场发生的问题，通过划分层级和采用帕累托分析法分析，筛选主要症结。接下来，必须采取的措施就是发掘症结的原因。发掘出原因，对策就可以明确，相当于解决了大部分问题。因此，应该应用的方法就是 QC 方法。所谓 QC 方法，就是指在 QC 活动中应用的"采用 QC7 大工具解决问题"，QC 活动让日本的质量提高到了世界最高水平。即使 QC 活动在日本全国不怎么时兴了，QC 方法本身也绝不过时。

在 QC7 大工具中，特别值得一提的是特性要因图，它作为日本独创的方法，解决问题时普遍采用，提高了实际业绩。这是因为特性要因图是支持改善活动的唯一方法的缘故，而改善活动是指开动脑筋想办法以发掘问题的原因。但是，在以往的特性要因图中，发掘的步骤不明确，问题一复杂就无法解决，近年来已不常用了。为了打开这种局面，对特性要因图的缺点进行了改善，改善后的方案就是笔者建议采用的"6M 特性要因图"。应用6M特性要因图有以下优点：

①利用以往的特性要因图时原因分类方法模棱两可的项，改按6个M分类，以明确原因与防止再发生对策之间的关系。

②针对6M的大框架分类，掌握对应中级框架的原因，能够确实发掘原因。

③反复看特性要因图，帮助发掘问题。

Q:2 绘制"6M特性要因图"的要点包含哪些？

A:2 绘制、使用"6M特性要因图"的要点如下：

①把利用帕累托分析法筛选出来的症结设定到要因图的特性栏。

②把6M项目设定到大框架上。

③在发生问题的现场，调查发生问题的6M要因（找相关人员了解、调查实际情况、数据），这些原因要与特性相对应。

④基于三现主义调查，把发生特性的原因分别填写到中级框架上（各6M上填写3个项目）。

⑤把全部18个项目填写到中级框架后，解决问题小组集体研讨，选定影响特别大的项目作为重要原因。

⑥针对所发掘、选定的6M重要原因，解决问题小组成员充分地进行讨论，设定防止再发生对策。

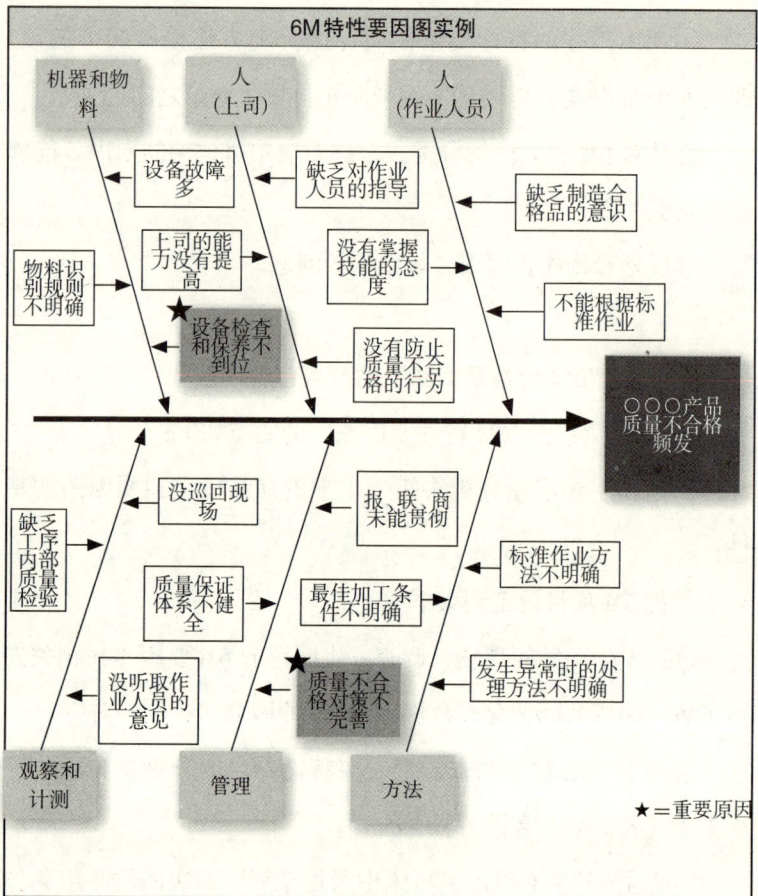

图 8-2

SECTION❻

采用"**6M 原因分析法**" **掌握真正的原因**

Q：1 据称，发生问题后采用"原因分析法"，对于掌握真正的原因是比较有效的，但实际一试并不能像预期的那样掌握真正的原因。请问用好"原因分析法"有什么窍门？

A：1 "原因分析法"因在丰田汽车采用而闻名于世，但事实上使用起来并不容易。因此，必须意识以下 10 个要点后再使用：

①开始使用"原因分析法"前，根据三现主义正确掌握发生问题的现场什么有问题、问题怎么样了。要针对发生的事实使用"原因分析法"。

②使用"原因分析法"时，不仅要参考实施者的意见，还要参考发生问题当事人的意见（当事人了解事实），以便能够客观地发掘原因。

③以现场中看起来像是异常的事项为中心，按照"为什么"的思路发掘原因，其中不含正常现象（不针对正常现象制定对策）。针对正常事项制定防止再发生对策没有意义。

④出现人的心理要素（例如，注意力不集中）后，要进一

步发掘，实施原因分析，直至可以制定对策为止。

⑤不要用"……不好"等模棱两可的形式表达（这是因为大多未实施三现主义的缘故）。仅根据"不好"无法制定具体的对策。

⑥症结和"原因"的语言表达要简洁，不使用几个原因混在一起判断的表达形式（如"工作忙且身体不适"，要分成忙和身体两个原因）。针对多个问题点的对策，会因对象不清晰而使效果减弱。

⑦为了确认"原因分析法"的流程是否恰当，把各步骤反过来，采用"……结果"这一句式连接起来（连接要自然），通过追溯可以确认逻辑跳跃和错误。这种方法称为"结果法"。

⑧针对前面的事件，后面的事件要全部提出来。例如，"任务与方法不完善"，就把任务与方法分成两个部分分别发掘。

⑨继续进行"原因分析"，直至制定出具体的对策（通常5次）。虽然可以发掘到3次，但是一般不发掘到5次，就无法找到真正的原因。

⑩掌握真正的原因后，明确与原因对应的6M对策。找到真正的原因后，并非要针对一个而是要针对6M的多个事项分别制定防止再发生对策。

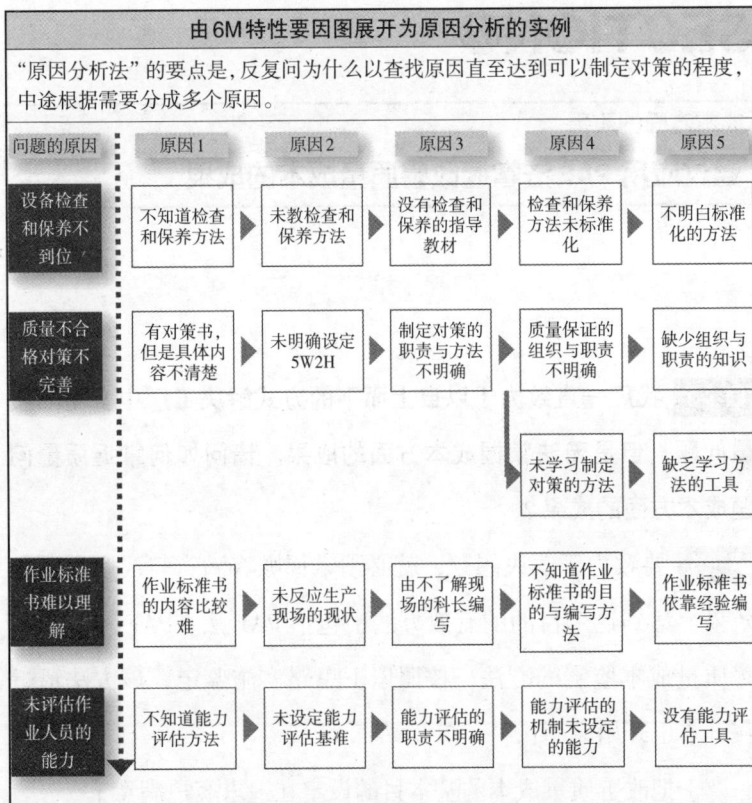

由6M特性要因图展开为原因分析的实例

"原因分析法"的要点是，反复问为什么以查找原因直至达到可以制定对策的程度，中途根据需要分成多个原因。

问题的原因	原因1	原因2	原因3	原因4	原因5
设备检查和保养不到位	不知道检查和保养方法	未教检查和保养方法	没有检查和保养的指导教材	检查和保养方法未标准化	不明白标准化的方法
质量不合格对策不完善	有对策书，但是具体内容不清楚	未明确设定5W2H	制定对策的职责与方法不明确	质量保证的组织与职责不明确	缺少组织与职责的知识
				未学习制定对策的方法	缺乏学习方法的工具
作业标准书难以理解	作业标准书的内容比较难	未反应生产现场的现状	由不了解现场的科长编写	不知道作业标准书的目的与编写方法	作业标准书依靠经验编写
未评估作业人员的能力	不知道能力评估方法	未设定能力评估基准	能力评估的职责不明确	能力评估的机制未设定的能力	没有能力评估工具

图8-3

SECTION❼

成本方面的改善

通过应用 PAF 法掌握改善质量成本的成果

Q：1 我厂一直致力于以自上而下的方式解决工厂中发生的质量问题，但是无法掌握成本方面的成果。请问如何掌握质量问题成本方面的成果？

A：1 要致力于解决问题，就必须掌握顾客满意与成本方面的效果。达到这个目的的有效方法中包括 PAF 法。PAF 法采用改善质量成本鉴定的方法，按照以下思路实施鉴定，该方法最近在日本也开始应用：

①把改善质量成本的基本目的设定在追求客户满意上。

②把质量成本分解成 P–A–F（Prevention–Appraisal–Failure）共 3 个要素，明确各要素的发生成本，掌握改善成本效果，创造附加价值。

·失效成本（Failure Cost）。

·鉴定成本（Appraisal Cost）。

·预防成本（Prevention Cost）。

③改善质量成本的方法是，通过增加预防成本削减鉴定成

258

本，可以把失效成本降到最低。

Q:2 请问 PAF 法的推动方法有哪些？什么是质量成本？

A:2 PAF 法在实务上的思路与推动方法如下。

为了改善质量而花费预防成本，失效成本与鉴定成本就会降低。以实务举例，实施质量管理、制定防止投诉再发生对策、设定质量基准、进行作业标准化、编制 QC 工序表、编写作业标准书、加强员工的质量教育训练，就要花费预防成本，但可以得到降低成本的效果，所降低的成本会超过所花费的金额。由图 8–4 可知，预防成本多花 10%，失效成本就可以降低 20%，鉴定成本可以降低 5%，合计可以降低 15% 的成本。

以如下 3 个质量成本为对象评估改善质量效果：

①失效成本（Failure Cost）。指因不合格而报废的物资、加工品和产品损失以及因发生投诉而花的费用，一般说来，在质量成本中占最大比例。这种成本称为质量不合格浪费成本。

②鉴定成本（Appraisal Cost）。指为了鉴定物资、加工品、产品等的质量所花的费用，诸如验收、工序内部检验、成品检验、试验材料和检验材料、不合格品修理后再试验、订货方进行现场试验等的费用。

③预防成本（Prevention Cost）。指为了预防发生失效成本及鉴定成本的合计成本所花的费用，诸如质量管理、质量保证、解决质量问题、质量教育训练等的费用。这种成本称为质量先

行成本。

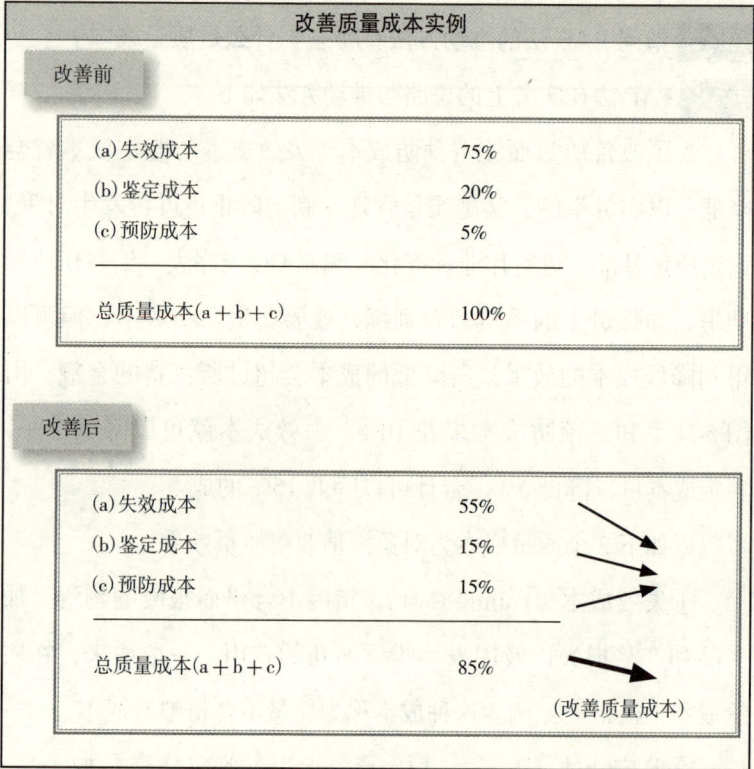

图 8-4

260

SECTION❽

厂长常见苦恼 Q&A
【问题解决能力篇】

Q：1 针对最近工厂发生的问题，我厂开展了防止再发生的活动，但是收效甚微。顺利制定解决问题的措施有哪些要点？

A：1 为了顺利地解决问题，只有踏踏实实地反复实施解决问题基本步骤，提高解决水平与速度，除此之外别无他法。做好这项工作的要点如下：

①解决问题对策包括临时对策与防止再发生对策。临时对策用于当场处理，防止再发生对策用于从根本上解决。必须首先明确二者之间的差异。

②为了从根本上解决问题，掌握发生问题的原因后，除非制定防止再发生的对策，否则问题就改变形式反复发生。

③解决问题的重要事项在于根据三现主义掌握发生问题的事实。

④通过管理和监督人员巡查，趁着还处于萌芽（前兆）状态，在尚未发展成为麻烦之前发现问题，提早解决，可以防患于未然。

⑤为了从根本上解决问题，必须确实实施"解决问题的7个步骤"（图8-5）。

⑥为了取得事半功倍的效果，通过划分层级、采用帕累托分析法筛选症结，就可以发现主要症结。QC方法是对于筛选问题非常有效的方法，是经过某种训练就能够实施的有效方法。

⑦大多数问题可以采用"6M特性要因图"掌握原因。所谓6M，就是指确实能够解决工作岗位中所发生问题的着眼点。根据6M考虑理想状态，就能从根本上解决问题。

⑧应根据需要采用"原因分析法"。无论怎样都使用"原因分析法"，未必能真正解决问题。

Q：2 请问"解决问题的7个步骤"应该做什么、怎样推动？

A：2 解决问题按以下应该经历的7个步骤进行。确实实施这7个步骤，就能够从根本上解决问题。

步骤1 基于6M，根据三现主义掌握事实。

步骤2 通过划分层级、采用帕累托分析法筛选症结。

步骤3 采用"6M特性要因图"掌握原因。

步骤4 采用"6M原因分析法"掌握真正的原因。

步骤5 制定与6M项目相关的防止再发生对策，实施对策。

步骤6 做记录掌握6M对策的实施效果。

步骤7 让防止再发生对策作为正式标准扎下根。

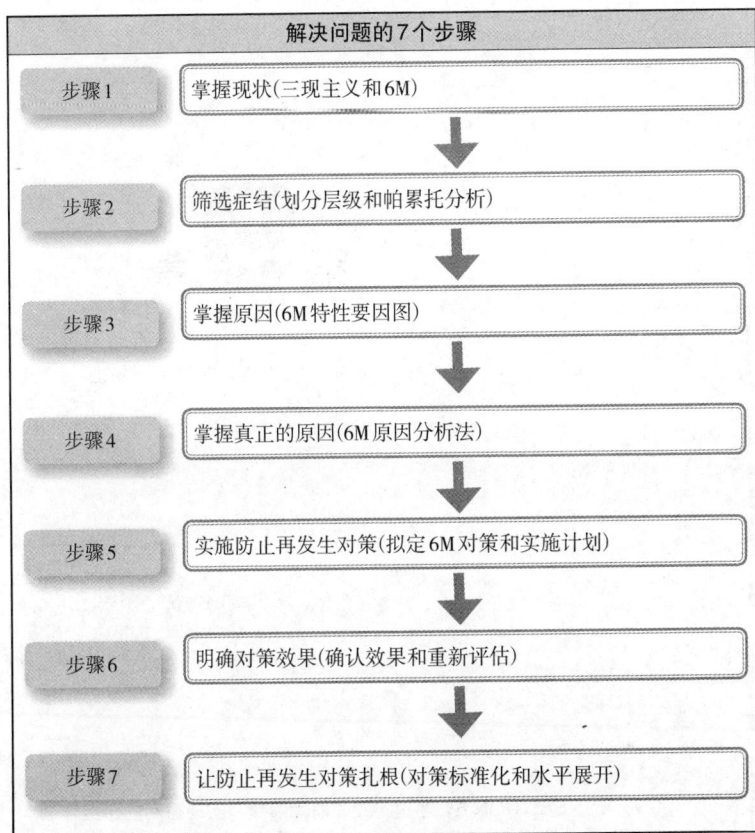

图8-5

第 **9** 章

通过彻底实践
"消除浪费"实现
盈利的工厂体制

SECTION❶

没有"消除浪费"的现状

通过实践"消除浪费"实现盈利的企业体制
【实例研究】

▲生产现场的问题与厂长的苦恼

[实例1 "看不见生产现场的浪费"]

最近，E公司关东工厂交货期延误增多。生产现场中派遣员工增加，同时随着老资格作业人员退休，新入职员工也在增加。野田厂长今天也巡回了生产现场，特别显眼的是在工厂里走来走去的作业人员，此外还有搬运零件和材料的作业人员、在生产现场不作业而等待的作业人员。而且，不知是不是因为加工机器出故障的缘故，机器故障停机也引人注目。我们知道，不确实从根本上重新评估工厂内部的布局，强行引入了新的生产线，因为布局不合理，作业人员行动起来也很别扭。但是，从上班到现在已经两个小时，各工作岗位都应该进入正式作业状态，然而却看不见踏踏实实地进行作业的场面。

把装配科的渡边科长叫来，问他生产现场运行状况为什么这样混乱。他含含糊糊地回答说："我也不太清楚，这真令人头痛。"工厂的作业人员只有不断地进行创造附加价值的作业才能产生利润，但是以这种状态能行么？以这种状态连维持交货期都没有把握。野田厂长亲自问正在行走的作业人员和正在搬运的作业人员为什么还在移动着，他们回答说，去取工具、去找零件、正在做准备。但是，作业期间脱离工作岗位，不是停止作业的浪费吗？为什么这样的现象频发？野田厂长为这个问题而苦恼。

▲生产现场的问题与厂长的苦恼

[实例 2 "要掌握浪费的实际情况"]

野田厂长想，能不能设法掌握最近生产现场发生的浪费呢？于是，想起来曾经读过一本书，书中介绍了一种方法，即通过调查走路的步数掌握时间，其中一步折合成 0.7 秒。因此，让高田股长给装配生产线上的作业人员佩戴计步器，以便掌握 1 天的步数。而且，还要求记录离开工作岗位的次数。此后，过了一周时把高田股长叫来确认。结果，那数值简直令人震惊。一天平均步数约 9000 步，折合时间就是 6300 秒，1 天 7 个小时可换算成 25200 秒，通过计算可知，一天近 25% 仅用于走路。另外，作业人员离开次数一天平均约 20 次，如果一次折合 10 分钟就是 200 分钟（3 小时 20 分钟）。现状调查的结果表明，特别是非正式员工和新入职员工有这种趋势。这就是最近听说的那种站前广场现象吗？田野厂长大伤脑筋。

▲生产现场为什么变成这个样子了？问题的真正原因是什么？

目前，生产现场非正式员工和新入职员工等缺乏经验与知识的作业人员正在增多。尽管这些作业人员首先欠缺的是哪个场所有什么、准备什么为好等开始作业所需准备事项的知识，但事实上，说到生产现场的监督人员，却因缺乏人手，也不明确地下达作业指示，仅自己一个人竭尽全力地作业。其结果，不熟练的作业人员开始作业后，发觉没有工具和零件，于是就必须走来走去找物品、离开工作岗位。野田厂长的工厂没有为了解决这种问题而开展消除浪费的活动，于是就成了浪费不止的工厂。

▲厂长怎样改变这样的生产现场？

近年来，由于生产现场人员变化，造成工厂中浪费增多。浪费包括多种，诸如走来走去的浪费、找物品的浪费、等待的浪费、动作的浪费等，如果放任不管，质量就会降低、交货期就会延误，还会吃光工厂的利润。野田厂长的工厂，浪费所占时间的负面影响已达到降低工厂生产率的程度。因此，厂长必须向各部门的管理人员下达以下指示：

①让各部门管理人员正确地理解什么是浪费。
②让各部门管理人员利用计步器和秒表掌握当前浪费的实际情况。

第9章将介绍什么是浪费、浪费怎样消除。

SECTION❷

"过度制造的浪费"要这样消除

Q:1 什么是过度制造的浪费？为什么会发生？

A:1 所谓"过度制造的浪费"是指以下情况，它会带来负面影响：

①过度制造的浪费指"无视生产指示，生产现场随意超前制造物品"，可分为以下两个浪费。

·制造数量超过所需数量造成的浪费：这种浪费是指作业期间因为空闲而加工超出作业指示书规定数量的物品。

·超前制造所造成的浪费：这种浪费是指为了防止延误交货期而提前制造将来计划的物品。

②"过度制造的浪费"是最应该禁止的浪费。要说为什么，是因为过度制造的浪费会掩盖公司内部很多浪费，连改善的机会都消失得无影无踪的缘故。对过度制造的浪费放任不管，改善活动就消失，企业竞争力就会丧失。

③过度制造将导致发生"半成品库存的浪费"与"产品库存的浪费"。在当今顾客订单多变的时代，超前制造的物品会导

致库存过剩，属于不良库存，会吃光企业的利润。

▲ "过度制造的浪费"是由于以下原因而发生的

①不制订生产计划，把各订单都甩给现场处理不管不问，对生产现场任意地过度制造放任不管。

②生产现场的问题很多，无法按生产计划完成作业，为了安全起见，就多制造物品。

③工作岗位的交流和现场发生麻烦时处理不当，作业人员为了放心而任意过剩制造。

④未对作业人员进行指导，不熟练的作业人员就多制造物品，为发生作业失误做准备。

⑤优先提高了高生产率加工设备的运行率，生产数量超过顾客订单数量。

⑥未努力缩短准备工序时间，实施一次准备工序后，就"凑在一起制造"。其结果，发生过度制造的浪费。

Q:2 怎样发现"过度制造的浪费"？怎样消除浪费呢？

A:2 按以下方法发现"过度制造的浪费"：

①通过现场巡查调查过度制造的浪费。

②掌握生产计划展开的现状（生产是否与销售协调、是否规定了针对特急订单的处理方法）。

③调查半成品库存（是否规定了标准半成品存量）。

④调查产品库存（是否规定了产品库存基准）。

⑤掌握产品不合格对策的实施情况。

⑥调查生产线的平衡状态。

⑦调查改善准备工序的措施。

▲按以下方法防止"过度制造的浪费"

①及时制订生产计划，致力于打造灵活的生产体系，能够在现场迅速处理。

②定期掌握半成品库存、产品库存，制定削减库存对策。

③基于生产线平衡分析，通过改善作业并重新分配作业达到节省人力的目的。

④致力于作业人员多能化，打造灵活的生产体系。

⑤致力于改善准备工序。

⑥基于 PQ 分析把产品分类，选择生产线［所谓 PQ 分析就是指这样一种方法，即绘制条形图，以产品 P 为（横轴），以产量 Q 为（纵轴），把产品分为畅销产品、衰落产品、出局产品，继而选择生产线］。

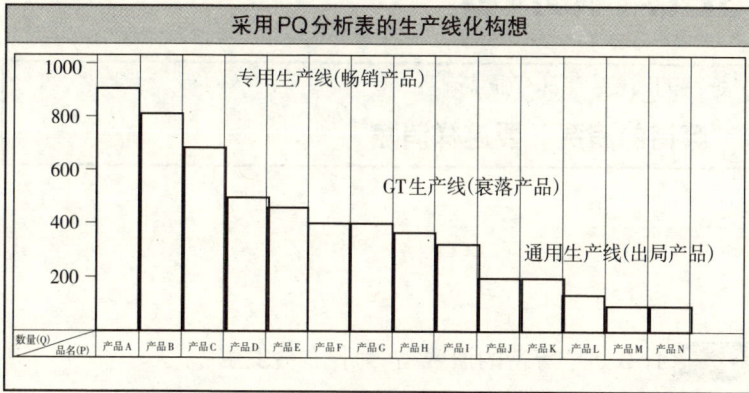

图9–1

SECTION❸

"等待的浪费"要这样消除

Q：1 什么是"等待的浪费"？为什么会发生？

A：1 所谓"等待的浪费"指以下现象，它会带来负面影响：

①"等待的浪费"指这样一种浪费，即"作业人员停止作业，一直等待到有下一个指示为止"。

②作业人员的活动停止，作业人员完全不能创造附加价值。浪费是不创造附加价值的行为，等待的浪费可以说是最有代表性的浪费。

③"等待的浪费"是指这样一种浪费，即乍一看能够看见作业人员正在作业，而事实上却没作业，它是一种难以发现、看不见的浪费。

④因为担心机器暂停（机器突然停止）和出故障，所以作业人员成了机器看护人光盯着机器（什么事情也不做光盯着看机器运行状态的状态）、光站在机器旁，这样的等待无法消除。

⑤因等待没有事情做就不由得超前制造，发生"过度制造的浪费"。等待是性质恶劣的浪费，会诱发"过度制造的浪费"。

▲ "等待的浪费"是由于以下原因而发生的

①无法实施现场的质量管理、问题对策、作业人员管理。

②生产现场没有及时的作业指示，作业人员什么也不做一直等待。

③生产现场管理、监督人员的问题解决能力低，处理速度慢。

④"报、联、商"的规则不明确。

⑤未对作业人员进行教育训练，不熟练的作业人员不知道怎样操作为好，就形成了等待状态。

⑥有问题时，作业人员自己无法判断应该怎样处理，要等待上司的具体指示，因而发生"等待的浪费"。

⑦上工序发生"等待的浪费"，下工序就会出现连锁反应而发生"等待的浪费"。

⑧外包单位交货期延误频发，制造部门和配送部门发生等待，诸如等待开始作业、等待出货等。

⑨未实施机器设备暂停和故障对策，不能实现自动化，无法减少先盯着机器不干活的作业。

Q：2 怎样发现"等待的浪费"？怎样消除浪费？

A：2 采用以下方法发现"等待的浪费"：

①掌握 5S（特别是素养）的具体实施情况。

②调查有无生产现场"报、联、商"的规则及其实施情况。

③回收作业日报,调查发生等待状态。

④调查发生机器和设备故障的数据(发生故障一定会发生等待的浪费)。

⑤利用质量不合格对策书调查是否发生质量不合格、有无防止再发生对策(质量不合格会产生很多等待的浪费)。

⑥调查作业人员训练与多能化的措施情况。

⑦调查是否发生交货期延误、有无就交货期延误对外包单位进行指导。

⑧掌握制造工序生产日程表延误的发生情况、防止再发生对策的实施情况。

▲采用以下方法消除"等待的浪费"

①引入"纯正5S",采取措施打造具有以下特点的现场体制,其中特点是,可以总在需要的时候,按需要的量,生产需要的物品。

②工作小组领导召开午会,让大家报告有等待现象的生产线,一边实施援助,一边追查发生等待的原因,采取防止再发生的对策。

③加强现场管理、监督人员解决问题的能力。

④制定"报、联、商"规则,使其在现场扎根。

⑤实施作业人员的教育训练并采用技能构成图表进行多

能化。

⑥制定发生问题时的处理规则，使其在生产现场扎根。

⑦应用可视化管理板，致力于防发生问题于未然。

⑧致力于引入小批量生产体系，均衡安排生产（因此，需要有改善准备工序的措施）。

⑨实施防止机器故障再发生对策，即实施设备保养对策与日常检查。

⑩实施防止质量不合格再发生对策，削减质量不合格发生次数。

⑪对外包单位进行改善交货期管理的指导，防交货期延误于未然。

SECTION❹

"搬运的浪费"要这样消除

Q:1 什么是"搬运的浪费"？为什么会发生？

A:1 "搬运的浪费"指以下现象，它会带来负面影响：

①所谓"搬运的浪费"，就是指"仅移动物品的位置、使用物品而不产生附加价值的行为"。

②生产现场存在很多无意识地搬动物品的行为。搬运行为往往被误认为是使用物品所必需的作业。

③搬运不仅是移动与使用这种浪费的行为，而且同时还会发生很多浪费，诸如再次使用物品和找物品的浪费等。

④通常把所加工的产品仅沿水平方向移动称为倒运，在"搬运的浪费"中，包括倒运的浪费，它是性质恶劣的浪费。

⑤所谓顺流搬运，就是指物品按加工顺序移动。虽然增加附加价值与物品移动是一致的，但是顺流搬运也必须限制在最小限度。布局不合理的工作岗位，即使是顺流搬运，发生的"搬运的浪费"也很多。

⑥没有准备材料和零件的备料人员，作业人员就在应该作业的时间集中、搬运物品。备料和搬运行为（持续作业是生产

现场产生附加价值的唯一行为）会让作业人员离开作业，所以不要这样做。

▲ "搬运的浪费"是由于以下原因而发生的

①实施5S前的生产现场的工作岗位，会发生很多为搬运做准备的浪费，诸如为了搬运而找物品的浪费、集中物品的浪费等。

②工厂与仓库的距离比较远，导致发生"搬运的浪费"。

③未改善搬运工具，使用的浪费增多，如倒装托盘等。

④过度地采购物品存放在仓库，需要物品存放区，发生"搬运的浪费"。

⑤工厂整体和生产线布局不合理，增加搬运距离。

⑥生产计划和作业计划敷衍了事，导致无法事先准备所需的物品，开始作业后增加不必要的搬运。

⑦因为大批量加工物品，所以产生待工停滞现象。

Q：2 怎样发现"搬运的浪费"？怎样消除浪费？

A：2 采用以下方法发现"搬运的浪费"：

①通过现场巡回掌握搬运的实际情况（发现搬运后就可以认为是浪费）。

②调查活性度低的物品摆放方法（特别是直接放置到地上就产生浪费）。

③掌握 5S（特别是"定置"）的实施情况。

④通过工件抽样，调查生产现场的搬运次数。

⑤通过分析搬运路径，掌握浪费的搬运频度与长度。

⑥掌握搬运工具的现状（因采用大型搬运工具而引起批量搬运的浪费）。

⑦调查准备作业时的备料方法（原则上不能让作业人员做准备和备料）。

▲采用以下方法消除"搬运的浪费"

①一方面减少搬运台车数量，一方面改善搬运工具，使得搬运工具小一些且便于使用。

②彻底实施纯正 5S 当中的定置。

③减少仓库（特别是必须取消临时存放区）。

④改善物品摆放方法，提高活性指数等级。

⑤设定库存管理基准，定期调查库存，削减库存。

⑥录用搬运工或备料作业人员。

表9-1

活性指数与搬运行为					
活性指数	等级：1 散放在地上	等级：2 装入容器中	等级：3 装入容器中，放在台架上	等级：4 把容器放到搬运台上	等级：5 放到移动传送带上
必要的搬运行为	·集中 ·翻动 ·提升 ·移动	·翻动 ·提升 ·移动	·提升 ·移动	·移动	—

SECTION❺

"加工和装配的浪费"要这样消除

Q：1 什么是"加工和装配的浪费"？为什么会发生？

A：1 "加工和装配的浪费"指以下现象，它会带来负面影响：

①加工大体上包括装配加工与零件加工。加工和装配是唯一产生附加价值的作业。

②作业的细目由3个要素构成，即纯作业、附带作业、浪费。必须将浪费减为零，并对纯作业与附带作业实施改善。

③装配困难，生产率就降低，会发生加工和装配的浪费。难度大的作业产生无理，持续无理，就发生作业的无稳，作业的无稳会发生浪费，进而降低生产率。

④未对作业人员进行学习加工和装配技能的训练，作业速度缓慢，作业失误也多，导致发生不合格的浪费。

⑤装配作业的重点和成功的要点不明确，初学者的作业失误就频发，从而发生不合格的浪费。

⑥未追求最佳加工条件，加工时间无法缩短。

⑦准备工序作业时间长，导致准备期间停机、停产。

▲ "加工和装配的浪费"是由于以下原因而发生的

①未完成作业标准化，而作业标准化是消除浪费的基础，其中浪费是指加工和装配的浪费。

②设定加工条件不明确，加工速度缓慢，发生加工不合格，造成加工的浪费。

③作业方法未标准化，不同的人采用不同的方法作业，因而作业差异很大。

④未追求加工和装配方法的最佳条件。

⑤未实施改善准备工序作业的措施，准备工序作业属于非附加价值作业。

Q：2 怎样发现"加工和装配的浪费"？怎样消除浪费？

A：2 采用以下方法发现"加工和装配的浪费"：

①调查作业标准文件的整备情况，调查作业标准化的实施情况。

②通过计测作业时间的差异，掌握有无作业的浪费。

③根据有无修订作业标准书，调查作业改善的实施情况。

④通过作业分析（计测作业时间和摄录视频），掌握纯作业与附带作业（准备、准备工序）的浪费。

▲采用以下方法消除"加工和装配的浪费"

①致力于作业标准化，通过标准化可以削减作业的差异。

②以作业标准书为出发点，致力于改善作业。

③改善生产线平衡，提高生产线编组的效率。

④致力于缩短准备工序时间。

⑤致力于追求优化加工方法。

⑥把手工作业改成使用工夹具（单触式作业、无调整式作业）。

改善生产线平衡的方法

生产线平衡是提高生产率所需的措施。不改善费时的工序、加工工序的平衡照原样放任不管,就无法完成提高生产率的目标。

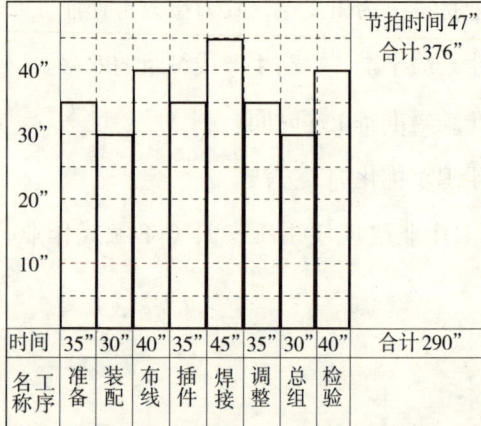

								节拍时间47" 合计376"
时间	35"	30"	40"	35"	45"	35"	30"	40"	合计290"
名称 工序	准备	装配	布线	插件	焊接	调整	总组	检验	

所谓节拍时间(PT),就是指顾客要求的生产间隔时间,依下面公式计算:

$$PT = \frac{运行时间(s/d)}{产量(个/d)} = 47''$$

生产线编组效率:

$$编组效率 = \frac{\sum 各周时间 \times 100}{节拍时间 \times 人数}$$

上图中为77(%)。

生产线平衡效率要达到90%以上。因此,必须采取以下措施改善生产线平衡。
(a)分解作业,把作业分为前工序与后工序;(b)消除、改善作业的浪费;(c)制作工夹具;(d)提高设备机器的能力;(e)工序的机械化;等等。

图9-2

284

SECTION❻

"库存的浪费"与工厂体制不佳有直接关系

"库存的浪费"要这样消除

Q:1 什么是"库存的浪费"？为什么会发生？

A:1 "库存的浪费"指以下现象，它会带来负面影响：

①库存的浪费掩盖了工厂的问题。库存一直作为适于掩盖工厂内所有浪费的手段使用。库存包括原材料和零件库存、半成品库存、成品库存。库存的浪费掩盖工厂体制不佳的事实，阻碍改善活动，是性质恶劣的浪费。

②库存保有量大、库存周转率低是正在浪费乃至吃光经营资金的证据。库存的浪费可以说是一种严重的浪费，它使企业利润减少，企业竞争力下降，最终带来经营危机。

③对库存问题放任不管，就无法改善工厂体制不佳的状态，其结果工厂会降低竞争力，在竞争中被淘汰出局。

▲ "库存的浪费"是由于以下原因而发生的

①缺乏库存吃光企业利润的相关正确知识，让员工增强库存吃光企业利润相关意识的工作做得不到位。

②仓库缺乏 5S 活动，库存问题频发，诸如出入库失误多、

需要的库存找不到、库存精度低等。

③未实施循环盘点，对库存精度低的现状放任不管。

④缺乏改善现场管理不佳的措施，半成品库存增大，现场管理不佳包括过度制造的浪费、质量不合格、生产日程表延误、缺乏"报、联、商"等。

⑤为了掩盖外包企业交货期延误频发、质量不合格频发，一直使用原材料库存。

Q：2 怎样发现"库存的浪费"？怎样消除浪费？

A：2 采用以下方法发现"库存的浪费"：

①根据库存金额、库存月数、库存周转率调查库存。

②通过盘点掌握库存精度。

③调查库存管理的不完善之处（出入库失误、出库延误、缺货等）。

④调查仓库的 5S 实施情况。

⑤按以下库存类别（就库存分类设定公司内部基准后实施）掌握库存量。

·需要的库存：运行库存、安全库存。

·不需要的库存：过剩库存、长期存放库存、陈旧化库存、老化品库存。

▲采用以下方法消除"库存的浪费"

①谋求提高库存意识。

②实施循环盘点。

③实施生产现场问题的改善对策，生产现场问题包括发生质量不合格、交货期延误等。

④实施仓库管理的 5S。

⑤改善采购外包管理。

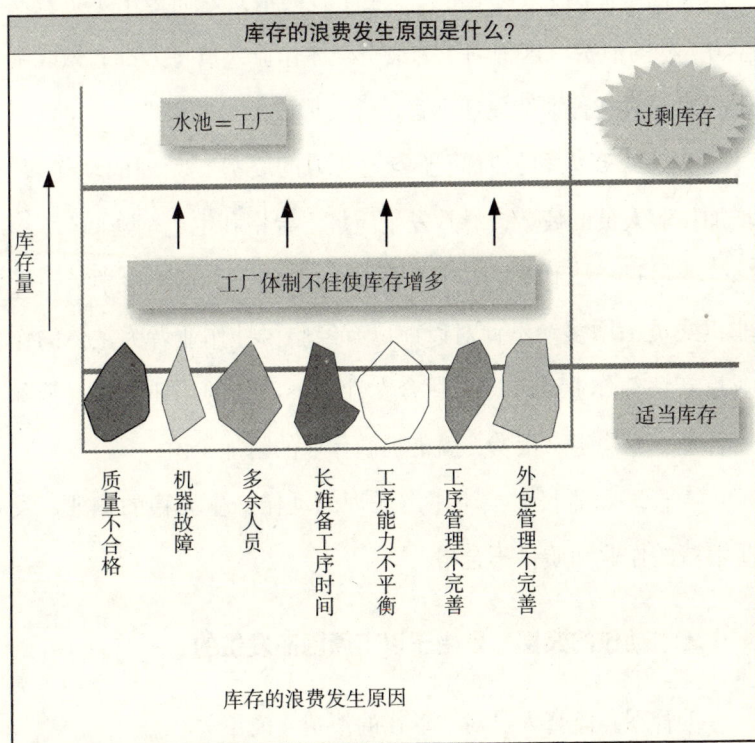

图9–3

SECTION❼

应用"动作经济原则"

"动作的浪费"要这样消除

Q:1 什么是"动作的浪费"？为什么会发生？

A:1 "动作的浪费"指以下现象，它会带来负面影响：

①把手伸出去 20 厘米就发生 1 秒的浪费，而迈出 1 步就发生 0.7 秒的浪费。这种动作的浪费全体作业人员每天都会做成千上万次，对这种浪费放任不管，就会形成巨大的浪费。

②欠身姿势和长时间坐姿等费力的姿势、无理的动作多，增加作业人员的疲劳，导致发生质量不合格和生产率降低。

③最近，工作岗位中计时工、派遣员工、勤工俭学员工等非正式员工增多。不针对以前以有经验男性作业者为主体的作业重新评估作业动作，以适合女性和不熟悉的作业人员，消除不合理、不稳定、浪费，就能提高作业的附加价值。

④管理和监督人员不了解无理的动作产生无稳的作业、发生浪费的作业和质量不合格。

▲ "动作的浪费"是由于以下原因而发生的

①管理和监督人员对"动作的浪费"漠不关心。

②未致力于"纯正 5S"（特别是"定置"），作业期间不得不采取无理的动作和姿势。

③作业动作未标准化，对浪费的动作放任不管反复实施。

④管理和监督人员未巡查生产现场，未掌握作业人员正在做无理的作业。

⑤未针对作业人员的体格和肌肉力量改善无理的动作。

⑥缺乏对新员工的动作训练，发生不需要的动手和步行的浪费。

⑦未致力于改善作业动作以消除"动作的浪费"。

Q：2 怎样发现"动作的浪费"？怎样消除浪费？

A：2 采用以下方法发现"动作的浪费"：

①通过现场巡回掌握动作的浪费。

②调查是否采用"纯正 5S"（定置）对物品摆放方法进行了标准化、是否彻底实施了定置。

③通过视频分析掌握是否有无理、无稳、浪费的动作。

④调查是否有对作业人员进行教育。

▲采用以下方法消除"动作的浪费"

①对管理和监督人员进行消除动作的浪费重要性教育。

②通过应用"动作经济原则"（表 9-2），彻底消除动作的浪费。

③通过计测和观察作业时间，查找动作的差异（差异较多的动作当中无理多，会导致无稳和浪费）。

④实施作业动作的标准化，以期作业从本质上得到稳定。

⑤通过训练作业人员指导基本动作。

⑥让作业人员就无理的动作自行报告以进行改善。通过让作业人员注意费力的动作、疲劳的动作、无理的动作改善作业，以便能够轻松、迅速、确实地进行作业。

⑦作业采用工夹具、机器，以使动作轻松，消除动作的浪费。

表9-2

动作经济原则
原则1 使动作轻松 "减少力气活儿，消除不自然的姿势，注意的动作、下蹲的姿势，让作业人员靠近作业点等"
原则2 使需要的基本动作最少 "减少取放、安装、拆卸等"
原则3 作业时同时使用双手 "减少单手扶撑、把持，双手同时开始动作同时结束，材料和零件左右对称摆放，应用保持器等"
原则4 使动作的距离最短 "使胳膊动作的距离最短。制止走路和踏出脚的动作。作业范围尽可能窄等"

SECTION❽

把防止质量不合格贯彻下去
"生产出不合格的浪费"要这样消除

Q:1 什么是"生产出不合格的浪费"？为什么会发生？

A:1 "生产出不合格的浪费"指以下现象，它会带来负面影响：

①不合格的浪费是指某些源浪费产生派生浪费、最糟糕时发生投诉甚至丧失企业社会信用的最为严重的浪费，上述源浪费包括检验不合格品的浪费、重做不合格品的浪费、重做用材料的浪费、实施防止再发生对策的浪费等。

②很多生产现场希望通过检验防止质量不合格，但真正的质量保证是指在工序中嵌入 100% 合格品。这称为源流管理。

③尽管不合格品都已经外流到了顾客手里，却依然未制定根本的对策，所以如果投诉反复发生，顾客的订单就会减少，工厂便难以生存。

④监督人员未充分地对作业人员实施教育训练，所以不熟练的作业人员制造不合格品；另一方面，老资格作业人员在基本作业上偷工，出现不合格品。

⑤虽然质量不合格频发，但是不制定根本的对策，而是拿仅限于当场使用的临时对策对付，结果无法抑制不合格再发生。

▲ "生产出不合格的浪费"是由于以下原因而发生的

①未设定标准作业，对随意的作业方法放任不管，导致发生质量不合格。

②未贯彻"纯正 5S"，混入不合格品，缺乏与作业人员相对应的素养，导致发生不合格。

③管理和监督人员问题解决能力低，未采取发生不合格时的防止再发生对策。

④不贯彻设备保养与管理，发生因设备引起的质量不合格。

⑤生产工序中未安设防错装置，也未采用夹具，无法抑制发生不合格品。

Q：2 怎样发现"生产出不合格的浪费"？怎样消除浪费？

A：2 采用以下方法发现"生产出不合格的浪费"：

①调查引入"纯正 5S"的情况。

②掌握是否追查了质量不合格的真正原因、防止再发生对策确实实施到了哪种程度。

③根据编写作业标准书的情况，掌握作业标准化的实施情况。

④根据教育记录，调查对作业人员（特别是派遣员工和新入职员工）实施教育训练的情况。

⑤调查处理发生投诉的情况与对策的实施内容。

▲采用以下方法消除"生产出不合格的浪费"

①在生产现场实施"纯正5S"。特别是把"素养"贯彻下去。

②贯彻实施作业标准化。

③有计划地实施作业人员训练。

④发生问题时采用原因分析法，以追查真正的原因。

⑤对管理和监督人员实施训练，使他们掌握解决问题的方法。

⑥实施设备保养和检查。

⑦以根据三现主义确实掌握发生不合格的证据为基础。

⑧为了防止发生重大问题，应用生产实际情况管理板等"可视化"的方法。

⑨通过召开"三会"（早会、午会、晚会），致力于打造能够切实实施所指示作业的生产现场体制。

⑩生产现场的监督人员巡查生产现场，对作业人员进行指导。

⑪ 对作业人员进行指导，让他们养成"报、联、商"的习惯。

表9-3

采用源流管理防止质量不合格的思路
①质量不合格对策在从设计到制造的全部工序中实施，这就是根本思路。
②质量不合格对策的根本是"作业标准化"。通过把作业进行标准化，可以把导致质量不合格的差异限制在最小限度。
③发生质量不合格后再采取质量不合格对策已经晚了。必须有预防的对策。因此，采用"纯正5S"与"可视化"打造不发生质量不合格的工作岗位环境就是根本。

SECTION❾

把事务性作业进行标准化！

"事务性作业的浪费" 要这样消除

Q：1 什么是 "事务性作业的浪费"？为什么会发生？

A：1 "事务性作业的浪费" 指以下现象，它会带来负面影响：

①虽然在事务性作业中反复发生相同失误，却依然不采取对策放任不管，这种案例有很多。其结果，被迫在制造现场对作业指示出错和计划遗漏等事务性作业失误进行善后处理，生产线产生混乱。

②尽管因未掌握事务性作业延误而导致生产日程表也发生延误，事务性作业延误的程度却只有经办人知道。而且，事务性作业的延误总是作为经办人个人的问题处理。

③未对新入职员工进行正确的事务性作业指导，所以就一直浪费时间，也无法进行时间管理。认为事务性作业如果当事人一直拼命去做的话，就没有必要缩短时间。

④即使想要降低事务性作业的成本，也因为没有应该参考的资料而无法致力于降低成本。

⑤就一个事务性作业需要花多长时间并没有基准资料，未

294

确定标准时间，无法进行时间管理。

▲ "事务性作业的浪费"是由于以下原因而发生的

①事务性作业乍一看像是简单的作业，一直误认为新手也能够轻易地完成。

②认为上司改善作业的方法只有训斥、催促作业人员。

③不知道事务性作业可以与现场加工作业一样进行标准化。

④认为事务性作业不顺利是因为经办人不用心的缘故。

⑤认为事务性作业罗列出步骤就是标准化。

⑥教事务性作业时仅口头讲解。

⑦事务性作业仅个人了解内容，其他人看不见，不知道规定可视化事务性作业的方法。

Q:2 怎样发现"事务性作业的浪费"？怎样消除浪费？

A:2 采用以下方法发现"事务性作业的浪费"：

①调查有无事务性作业的标准化。

②掌握办公室的5S实施情况（制订归档计划就是用于作业"可视化"的重要措施）。

③调查对事务性作业是如何进行指导的。

④调查办公室有无开展改善活动。

⑤调查事务性作业问题给生产现场带来哪些负面影响（特指传票指示失误、外包交货期延误、防止问题再发生的对策、

进度管理不到位等）。

▲采用以下方法消除"事务性作业的浪费"

①引入"纯正 5S"与"可视化"。

②通过制定最简就是最好与归档的机制，消除事务性作业的无理、无稳、浪费（特别是找信息的浪费）。

③进行事务性作业的标准化，编写事务性作业标准书。

④基于过去的实际案例，设定主要事务性作业的标准时间。

⑤对作业人员实施教育训练。

⑥基于时间制定 1 天的事务性作业日程表，明确有无作业延误。

表 9-4

事务性作业未进行标准化时产生的问题
某些类型的管理间接业务对生产现场的生产率影响很大
①合理的计划生产无法迅速完成
②无法进行生产的进度管理
③不制定生产金额完成目标,无法制订利润计划
④作业人员轮休,没有替班的作业人员,事务性作业就停滞
⑤不知道事务性作业的正确步骤和要领
⑥无法得到作业改善的线索

SECTION⑩

厂长常见苦恼 Q&A
【"消除浪费"篇】

Q：1 我厂正在推动贯彻"消除浪费"的措施，但并未像预期的那样顺利推进。采用哪些步骤推动呢？

A：1 众所周知，"消除浪费"是丰田汽车产生利润的主要措施。但是，推动方法有一定的原则，不按照原则推动就不会有效果。根据以下 3 个步骤，可以消除浪费。迄今为止，笔者指导了很多生产现场进行改善，这 3 个步骤就是在此过程中发现并实践了的方法，是确实能够提高效果的实践法。

步骤 1 什么是浪费：理解各种浪费的正确含义、给生产现场带来的负面影响。除非理解浪费所具有的含义，否则就无法消除浪费。

步骤 2 为什么会发生浪费：各种浪费都有发生的原因。要了解生产现场发生浪费原因中的主要原因。知道了发生的原因，就可以消除它。

步骤 3 消除浪费的方法：本章将具体介绍为消除浪费应

该做什么、怎样做为好，它们都是在生产现场实践后能够提高效果的方法。希望读者在充分观察自己负责的生产现场后，应用本章介绍的各种方法实践"消除浪费"。

Q：2 据称，丰田汽车的"消除浪费"产生企业利润，那么因为什么原因产生利润呢？

A：2 丰田汽车实践的"消除浪费"，确实可以创造企业利润。本书后衬页以图表形式揭示了企业利润与消除浪费的关系。如图所示，"消除浪费"活动不仅产生企业利润，而且还产生多种效果，诸如提高质量、提高顾客服务力、缩短前置时间等。

Q：3 听说生产现场还有很多浪费。为了进一步推动"消除浪费"，请介绍一下还有哪些浪费？

A：3 浪费有无数种，为了产生利润，首先必须发现以下使生产现场亏损的 3 大浪费，积极地实施"消除浪费"：

①停滞的浪费。所谓停滞的浪费，就是指因停产而产生的浪费，诸如等待的浪费、机器故障的浪费、发生工伤事故、等待指示、发生不合格等。生产只有通过持续流动才能完成 QCT（质量、成本、前置时间）目标。停滞的浪费使得生产率降低，为了挽回停滞的浪费，又进一步产生浪费，导致生产现场亏损。

②库存的浪费。所谓库存的浪费，就是指过度拥有物品和信息，它不仅包括过度拥有零件库存、半成品库存、成品库存，

还包括过度拥有信息的库存、未解决问题与投诉的库存、人与组织的库存等。在需要的时候能够迅速地使用需要的物品与信息，这就是生产现场盈利的条件。库存的浪费进一步产生找物品的浪费和资金的浪费，将会带来吃光企业利润的后果。

③动作的浪费。所谓动作的浪费，就是指与人员活动相关所发生的浪费，诸如步行的浪费、找物品的浪费、修理的浪费、等待指示的浪费、作业动作的浪费等。只有依靠生产现场中无浪费的人员活动，才能完成所计划的生产目标、获得目标利润。

Q：4 希望让管理和监督人员实施"消除浪费"，但是未采取所预期的行动。如何下达指示呢？

A：4 没有积极发现浪费的行动，浪费就无法可视化。因此，首先要让他们实施消除浪费巡查以发现浪费。此时，让他们应用以下消除浪费的7个工具，会产生发现浪费的效果。

①刻度尺（测量浪费的长度）。

②计步器（测量步行的步数）。

③秒表（测量动作与作业浪费的时间）。

④计算器（计算浪费的程度）。

⑤便条（记录浪费的内容）。

⑥双色圆珠笔（利用红字把浪费的重点可视化）。

⑦数码相机（利用图片把发生浪费的情况可视化）。

第 **10** 章

通过缩短前置时间与削减库存打造快速生产体系

SECTION❶

缩短前置时间与削减库存

缩短前置时间与削减库存是生存的必要条件
【实例研究】

▲生产现场的问题与厂长的苦恼

[实例1 "不缩短前置时间工厂就无法生存！"]

S公司是工业机械生产厂商中的骨干企业。近年来，为了在激烈的企业竞争中谋求生存，S公司发售新产品系列、积极展开经营活动以获得市场优势。新产品起初销售还算顺利，但是最近订单有减少的趋势。该产品从承接订单到交货的前置时间是3个月。营业部门正在拼命地开拓新产品市场，这一次得到了一份顾客非标规格查询函，台数也很多。营业人员无论如何也希望拿下订单，强烈要求工厂迅速处理。但是，尽管这一次新增规格多，然而其订购条件却要求前置时间为两个月，缩短30%。

加藤厂长在工厂召开紧急会议，讨论怎样做才能实现缩短前置时间，以满足该查询函的要求。设计部门、外包部门、生产部门都各自有责任致力于缩短前置时间。但是，设计科浅田科长回答说："现在正在致力于开发其他新产品，技术研讨要花时间。"采购科永井科长说："给供应商下的订单已经达到其生产能力的极限，因而难以缩短外包零件的采购前置时间。"而且，营业部门也提出要求，希望今后标准规格的部分预先制造出来有一些库存。但是，不削减库存也会有资金周转的危险，不能那样处理。不缩短设计图纸出图周期、外包零件的交货期，就难以缩短前置时间。如果处理这一次的订单后能够实现非标准规格的标准规格化、缩短前置时间的话，就可以增强今后的市场竞争力。加藤厂长每天都处于希望竭尽全力的兴奋状态。

▲生产现场的问题与厂长的苦恼

[实例2"缩短前置时间要通过'消除浪费'与削减库存实践！"]

最近，T公司接到很多顾客查询函，函中要求缩短前置时间。产品是机床相关精密零件加工与装配。顾客发来邮件，其中添加了意向信息。有意向订购的前置时间整体上有缩短的趋势。要求缩短10%是正常的，还有的说是特急订单要求缩短30%。拒绝这个条件，顾客就找其他工厂订货。尽管在最近订单减少的情况下必须避免订单被其他公司拿走，但是社长不仅不通过增加库存进行处理，相反却指示削减库存。中山厂长每天都加强危机意识，要努力缩短前置时间。听说"消除浪费"有效，那么通过"消除浪费"到底能不能够实现缩短前置时间呢？中山厂长每天都为这个问题而苦恼。

▲生产现场为什么变成这个样子了？问题的真正原因是什么？

近年来，市场竞争越来越激烈，企业必须提高适应力。尤其是对变化的适应力已成为生存的条件，于是缩短前置时间就成了查询函转换为订单的条件。S公司难以适应顾客对缩短前置时间的要求，其背后有工厂管理人员对于缩短前置时间是企业生存条件这一意识薄弱的原因。T公司也是这样的情况，即在多变的机床行业中，不缩短前置时间，供应商的总公司本身就无法生存。可以说除非工厂针对缩短前置时间与削减库存推行积极的措施，否则企业就难以生存。

▲厂长怎样改变这样的生产现场？

缩短前置时间与削减库存是工厂生产不可或缺的条件。设计部门致力于提高产品功能和性能，采购部门致力于削减成本。但是，一般对缩短前置时间都不积极。针对这种现状，为了能够生存下去，需要厂长采取改革管理人员意识的措施、针对缩短前置时间与削减库存采取工厂改革的措施：

①就缩短前置时间与削减库存的目的说服管理人员。
②就缩短前置时间与削减库存的方法，明确方针和目标，对管理人员进行措施指示。

第10章将介绍缩短前置时间与削减库存的方法。

SECTION❷

缩短前置时间如何推动

`Q:1` 我厂从去年起以增强客户服务力为目标，致力于缩短前置时间，但是未拿出行之有效的方法。怎样推动呢？

`A:1` 近年来生产现场有一种趋势，即因非正式员工增多导致问题频发、交货期延误频发，只优先确保交货期而不致力于缩短前置时间，就无法确保承接订单。为了缩短前置时间，厂长必须下达指示，要求各部门致力于以下主题。

▲设计开发部门的行动课题

为了通过新产品开发在企业竞争中生存下去，而且在按客户规格新增设计增多的情况下，缩短设计开发部门的设计开发前置时间需要以下措施。致力于新产品开发时，引入并行工程技术与设计审评、进一步进行设计的标准化，都是必需的措施：

①采用并行工程技术实现快速新产品开发（参阅本章）。

②实施设计标准化（设计步骤的标准化、制定设计标准等）。

③通过应用设计审评（design review）降低设计风险。

④各部门参加的开发项目团队推进新产品开发。

⑤通过对设计人员加强技术指导提高设计质量与速度。

⑥通过"可视化"对设计日程进行进度管理。

▲外包管理部门的行动课题

外包零件采购时间对生产前置时间影响很大。通常情况下，外包品交货期延误，会造成成品交货期延误。其主要原因是外包工厂发生质量不合格。为了能够在这种情况下缩短前置时间，需要采取以下措施。特别是指导供货企业提高质量与引入"纯正5S"，会带来缩短前置时间的效果。

①针对质量不合格对策进行指导（参阅第7章）。

②对外包单位进行"纯正5S"指导（参阅第2章）。

▲生产管理部门的行动课题

生产管理部门必须致力于引入小批量生产方式。引入小批量生产方式，制造部门必须积极地进行改善，厂长与生产管理部门带头实施，否则就无法实现，这是一般工厂的实际情况。通过与营业部门一体化来增强订单管理体系也是重要的措施，因此必须每个月召开一次生产销售会议。而且，加强工序管理与消除事务性作业的浪费，会带来缩短的效果。必须推进以下措施：

①引入小批量生产方式。

②通过应用工序管理板实施工序管理（参阅第 7 章）。

③通过召开生产销售会议打造产销一体化的体系。

④消除事务性作业的浪费（参阅第 9 章）。

▲制造加工部门的行动课题

制造加工部门缩短前置时间的行动课题可以提出很多。尤其加快生产准备与缩短准备工序时间是引入小批量生产方式的前提，更是变种变量生产时不可或缺的措施主题。通过引入布局改革与内部物流的方法，让物品流动顺畅，带来缩短前置时间的效果。因此，要实施以下措施：

①通过引入"纯正 5S"激活生产现场的快善活动（参阅第 2 章）。

②通过应用 5S 的整顿（定置）加快生产准备。

③缩短准备工序时间（参阅本章）。

④通过改革布局打造流动的生产。

⑤贯彻生产现场消除浪费活动（参阅第 9 章）。

⑥引入备料与内部物流的机制。

⑦通过"可视化"提高问题解决力（参阅第 4 章）。

⑧加强指导，提高作业人员技能（参阅第 3 章）。

⑨通过应用 QC 工序表与作业标准书实现作业标准化（参阅第 3 章、第 7 章）。

⑩提高机器设备的运行率（参阅第 6 章）。

▲质量管理部门的行动课题

提高质量的措施是有效缩短前置时间的课题。因此，必须加强以下质量不合格与投诉对策：

①针对质量不合格与投诉实施防止再发生对策（参阅第7章、第8章）。

②加强工序质量保证（参阅第7章）。

SECTION❸

采用并行工程技术提高开发速度

Q：1 我厂竭尽全厂之力致力于新产品开发，但是开发时间较长，而且新产品量产启动时的问题和投诉很多，这真令人头痛。最近，听说并行工程技术有助于解决这些问题，请问这是一种什么技术？

A：1 近年来，在企业竞争激烈的情况下，开发新产品的措施成了生存的必要条件。而且，新产品开发成功与否，取决于开发速度的快慢。通常情况下，竞争对手也针对市场需求致力于开发同样的产品，谁先为市场提供新商品谁就在市场上占得先机。

但是，仅凭设计开发部门的努力，不可能缩短开发前置时间。对这种需求有效的方法是并行工程（CE）技术。CE 的思路如下：

▲ CE 简史

日本企业从以前就开始采用新产品开发集体办公方式，CE 则是在美国把这种方式作为新产品开发的机制系统化了的技术。

▲ CE 的目的

不但新产品开发前置时间达到高标准，而且产品价值、质量、成本甚至提高新商品生产线量产启动的速度也全都同时达到高标准，这是 CE 的目的。

▲推进 CE 的根本

根本方法并非以前的顺序方式（试制评估结束后才开始实施批量体系措施这一按顺序推动的方法），而是并行（在新产品开发的各个阶段，通过相关公司和生产工序的技术人员共同参与，使得相关部门齐头并进推动开发准备的方法）推动新产品开发，这就是它的特点。

▲同时实施的重要事项

①经营高层不断地直接提供支援。

②基于彻底掌握客户需求打造开发概念。

③各部门专家以项目团队的形式推进。

④严格遵守挑战性强的新产品开发程序与开发推进日程（特别是设计审评那样的重要日程，设定里程碑管理规则，没有经营高层的批准不得变更）。

⑤先行一步推进涉及相关企业的开发需求。

⑥采用设计审评（design review）推进开发，不走回头路。

▲应用 CE 的要点

应用 CE 的要点是，从生产技术和客户服务的立场出发，实施重新彻底研讨设计内容的措施。接下来，设计开发部设计功能和结构时，把认为在生产技术方面和客户服务方面有益的事项或方法穿插到设计内容中。

Q：2 CE 的思路已经明白了，但具体怎样做呢？

A：2 推进 CE 的要点如下：

①下游（离客户近的业务）参与上游业务。制造参与到技术、技术参与到设计的业务中，即参与上游部门开展推进 CE 的业务。

②制造部参与到技术部的业务中。首先，制造参与到技术的业务中。具体参与方法是，试制产品时制造部门参与或把要求直接反馈给设计。例如，制造部门致力于生产改革的主题即"生产流动化"和"生产平稳化"，就可以要求把认为对缩短生产准备时间和加速量产启动有效的项目穿插到产品设计中。

③技术部参与到设计部的业务中。接下来，技术部门或生产技术部门参与到设计部门的业务中。设计部不但把重点放在功能设计的措施上，而且还把重点放在生产设计的措施上推进开发。以前，生产技术部延续设计部的业务就行，但今后要转守为攻，与设计部共同努力，从设计的早期阶段起就追求便于制造。行之有效的具体方法是，参与到设计部的业务中，直接反馈到设计图纸上。参与到生产技术的设计业务中，可以缩短新产品量产启动时间，也可以缩短新产品开发的前置时间。

SECTION❹

缩短准备工序时间至关重要

通过引入小批量生产方式缩短生产前置时间

Q：1 最近，我公司为了满足顾客的要求、提高订单数量，一直致力于缩短生产前置时间。但是，因生产现场阻力大而无法实现，失去很多订单，面临严峻的局面。身为厂长，我具有一种危机感。最近，听说有一种叫作小批量生产方式的方法，对缩短前置时间有效，请问小批量生产方式应该做什么、怎样做？

A：1 在变种变量生产已经成为常态的多变的时代，针对营业拿来的查询函，能以小批量生产，既可以缩短前置时间，又没有必要保有很多库存。但是，生产现场生产大批量的趋势强劲，所以作为以厂长为中心生产改革的一环，必须推进引入以下小批量生产方式：

　　①分批生产。分批生产不是凑足1个月的产量进行生产，而是指分成几批生产的方法。例如，把1个月制造200个的产品分成两批，每批制造100个。

　　②平稳化生产。平稳化生产是小批量生产具有代表性的方

法，它是指尽量每天反复生产相同品种、相同数量的产品。通常情况下，以各品种小批量为单位，1 天更换 1 次准备工序，这种方式发展起来就成为一个流水线生产。

▲采用小批量生产，不仅缩短前置时间，而且工厂还能得到以下益处

①谋求缩短生产前置时间。如果以 200 个为单位批量制造的话，那么客户在完成 200 个以前必须等待，但如果每次制造100 个的话，不仅减少加工时间，而且也减少加工批量等待和搬运工时，能够大幅度削减生产前置时间。

②可以削减库存。小批量生产方式比较大的优势在于能够削减库存。在库存给企业经营带来压力的时代，小批量生产方式是不容忽略的。

③可以削减设备与人员。能够确立小批量生产方式，就可以减轻每批的生产负荷，不再需要拥有适应负荷峰值的设备和人员，因而能够削减设备与人员。

④便于遵守日程计划。各工序的能力相同且能够以小批量流动，就可以实现整流化的流动生产，而生产日程计划也可以处于稳定的状态。

⑤便于现货管理。批量规模变小，便于现货管理。

Q:2 为了引入小批量生产方式，应该做什么、怎样做呢？

A:2 引入小批量生产方式时，最大的症结是缩短准备工序时间。制造现场有一种根深蒂固的思维，即认为以前那种采用集中制造的方式生产是最好的，因而怀疑缩短准备工序时间对企业生存的重要性，针对这种观念进行意识改革至关重要。厂长主导引入小批量生产方式，不得不缩短准备工序时间，这就是有效的方法。为了实施小批量生产，需要实施以下生产改善措施：

①缩短准备工序时间与准备工序技能多能化。

②质量不合格对策（参阅第7章）。

③实施小批量生产的生产计划。

④提高工序管理水平。

⑤改善外包品的交货期管理。

⑥采用"纯正5S"贯彻消除浪费活动。

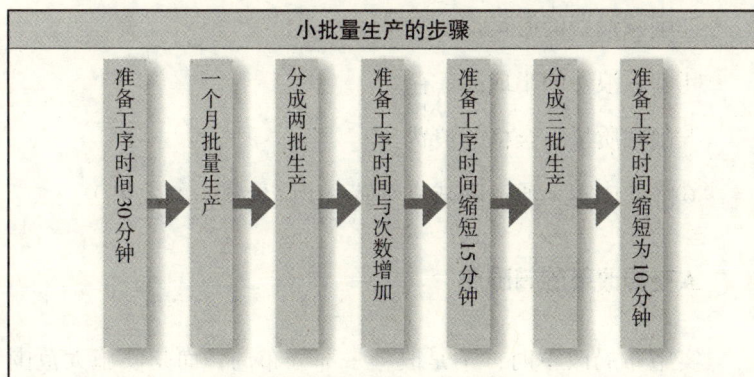

小批量生产的步骤

准备工序时间30分钟 → 一个月批量生产 → 分成两批生产 → 准备工序时间与次数增加 → 准备工序时间缩短15分钟 → 分成三批生产 → 准备工序时间缩短为10分钟

图10-1

SECTION⑤

通过改革布局打造流动的生产线

Q：1 我厂在进行布局的时候未经科学核算，所以生产率降低已习以为常，必须彻底重新评估布局。为此，需要以哪些目的和思路实施呢？

A：1 顾客要求缩短交货期是理所当然的，不致力于缩短前置时间，就会在订货竞争中被淘汰。在这种情况下，更加凸显出致力于布局改革的必要性。通过布局改革获得的主要效果如下：

①大幅度缩短生产前置时间。

②重新应用工厂的空间（通过改革可以应用浪费的空间）。

③削减浪费的搬运。

④削减浪费的半成品库存。

⑤削减质量不合格的浪费。

⑥降低成本（通过削减浪费显现出降低成本的效果）。

▲布局改革的着眼点

实施布局改革时，不是改善一部分布局，而是实施大范围的改革，以优化整个工厂的生产流程，只有这样才能获得真正

316

的效果。首先，必须基于以下"布局改革的原则"实施。

①满意与安全的原则（把基本目的放在作业人员满意与安全上）。

②综合的原则（6M：以人、物料、机器设备、方法、管理、计测为中心，目标是取得综合性改革效果）。

③最短移动的原则（所有的移动距离与处理最短化）。

④流动的原则（根据从物料到成品的工序流程部署）。

⑤利用空间的原则（有效应用高度、平面等空间）。

⑥有弹性的原则（能够便于重新部署，能够以最小的成本重新部署）。

⑦平衡的原则（考虑所有与布局相关的原因，诸如物品的流动、人的活动路线、信息的流动等）。

⑧高标准的原则（布局计划设定高标准生产目标）。

Q：2 虽然推动了生产线布局改革，但方法不怎么有效。请问要进行哪些生产改革？有"U"字形布局的样式吗？

A：2 为了改革生产线，需要以下前提条件。在生产线改革之前，满足这些条件就能够成功：

①采用"纯正 5S"消除浪费。

②引入小批量生产方式。

③改善准备工序作业。

④作业标准化。

⑤确立质量保证体系。

⑥工序间平稳化。

⑦培养多能化作业人员。

⑧引入"可视化"。

"U"字形布局改革模型有 3 个样式，如图 10-2 所示：

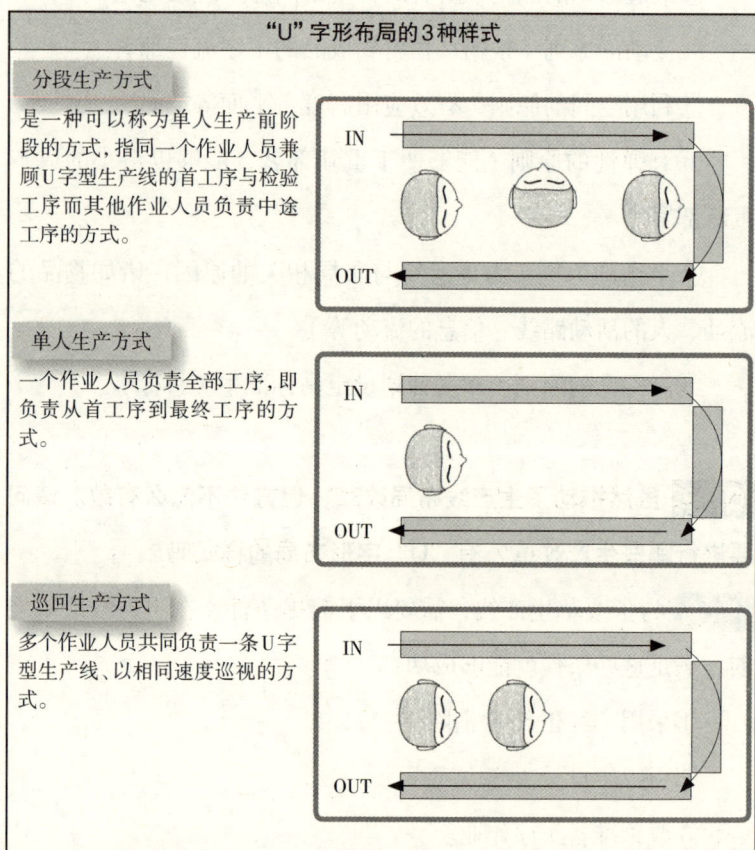

"U"字形布局的3种样式

分段生产方式

是一种可以称为单人生产前阶段的方式，指同一个作业人员兼顾U字型生产线的首工序与检验工序而其他作业人员负责中途工序的方式。

单人生产方式

一个作业人员负责全部工序，即负责从首工序到最终工序的方式。

巡回生产方式

多个作业人员共同负责一条U字型生产线、以相同速度巡视的方式。

图10-2

SECTION❻

有效削减不需要的库存
削减库存如何推动

Q：1 我公司致力于削减库存，但未出现预期的效果，经营高层追究了厂长的责任。削减库存怎样推动呢？

A：1 在多品种少量生产、变种变量化的情况下，为了不给营业带来障碍，必须备齐材料，以随时适应订单。但是，就为此而增加库存，同样会给经营造成压力。企业削减库存能增加资金流动，提高企业价值，对生存而言是有效的方法。为了推进削减包括物资库存、半成品库存、成品库存在内的综合性库存，要以厂长为中心致力于削减库存。削减库存的基本方法如下：

▲从改善库存管理开始努力

在最初阶段，并非以削减库存为目标致力于削减库存，而是把目标锁定在打造工厂体制上，使得工厂有一个即使库存少生产系统也可以适当地运作的体制，工厂所有部门必须共同努力推进以下事项：

①打造准确掌握库存的机制。

②采用 5S 中的整理对不需要的库存进行处理。

③实施采用可视化防止过剩库存的对策。

④设定安全库存与定期重新评估。

⑤改善物资订购方式。

⑥采用循环盘点掌握库存。

⑦重点管理（ABC 管理）中的库存管理。

⑧改善仓库内部定位与保管方法。

▲发现不需要的库存，削减库存

为了减少库存，必须分成需要的库存与不需要的库存。下面是两个库存分类的范例，要基于这种分类处理自己公司的库存：

①需要的库存：运行库存、安全库存。

②不需要的库存：过剩库存、长期保管库存、陈旧化库存、老化品库存。

▲引入可以用眼睛看的库存管理板

采用库存管理板等与库存管理信息相关的管理板公布库存信息，诸如库存周转率、不需要的库存发生率、库存不符的发生情况与原因和对策等。这样一来，既可以促使整个工厂都开始关心不需要的库存发生情况，又可以打造共同努力防止不需要的库存再发生的氛围。

▲提高员工削减库存的意识

全体员工理解削减库存的必要性与意义，对有效削减不需要的库存而言是不可或缺的要素。因此，不仅要让库存管理部门，而且还要让整个工厂都理解过剩库存的含义。变革"多少不需要的库存都没有办法"的意识，实施这种教育的场合必须积极地掌握。此外，经营高层带头把削减库存列入工厂方针，也是把削减库存提升到整个工厂运动这一高度的巨大推动力。

▲准确地掌握库存数量

总是准确地掌握库存数量并非易事。这是因为要努力改善仓库现有物品管理方法与事务性处理方法的缘故。而且，还要实施循环盘点，努力尽早发现库存不符与早期纠正。

▲改善保管方法

为了防止发生不需要的库存，必须采用以下措施改善保管方法：

①设定规定的存放区，不得放置多余的物品。

②保管区集约化，便于保管管理。

③包装式样标准化，使包装内只能容纳规定数量。

▲削减原材料和零件库存

为了防止发生不需要的库存，必须实施重点管理（称为

ABC 管理）。通过集中管理重点品种，用少量的人员即可高效地进行库存管理。订货也按品种选择适当的方法，在现货管理中还要注意准确地掌握库存与发现不需要的库存。基于 ABC 管理（A 指占全部库存金额 80% 比例而占全部品种数量 20% 比例的重要品种，BC 指剩余的占全部品种数量 80% 比例的库存物品，C 特指小件备用物品），选择以下订货方式：

①定期订货方式（每次需要时仅订购需要的数量）。A 品种全都采用这种方式。在 B 品种中，对需求变动较多的物品和陈旧化、有危险的物品也采用这种方式。

②定量订货方式（在订购点按定量订货）。B 品种采用这种方式中的订购点方式。C 品种采用复式库存方式和包装法等现货管理方式，以使订购点管理更简单。

SECTION❼

通过削减库存缩短生产前置时间

Q：1 作为公司方针，我厂致力于削减半成品库存和成品库存，但是生产现场和营业都强烈抵制，无法顺利推动。请问怎样推动？

A：1 半成品库存是方便生产现场的手段，成品库存是方便营业的手段，削减库存一般难以推动。因此，厂长要按照以下思路以自上而下的方式推动。

▲有效削减半成品库存的方法

半成品本来的作用在于消化生产工序中的变动。生产现场每天都发生变动和问题，诸如生产批量的变动、质量不合格、外包品交货期延误、机器故障等。为了消化这些变动、满足客户有关交货期的要求，半成品库存是比较方便的手段。由于以上原因，半成品库存持续增加，习以为常的半成品库存掩盖了很多问题。目前，在残酷的企业生存竞争中，削减半成品库存已成为工厂的重要课题。为了推动削减半成品库存，必须基于改革和改善工厂长年积累的问题这一观点，致力于改革和改善生产现场的根本问题，诸如防止阻碍工厂内部生产流动的问题再发生、作业标准化等。

▲有效削减成品库存的方法

成品库存多，一般在备货型生产企业发生。订货型生产企业仅按订单生产，不应该发生成品库存问题。反复订货型生产，有时会以半成品或者成品的形式发生库存，但是原则上必须以零库存为目标。

▲备货型生产企业中的对策

削减备货型生产中的成品库存成功与否，终究取决于营业部门的销售预测精度。而且，生产、销售、库存部门还必须共同努力，确立、维持适当的库存水准。

（1）工厂方面的对策

①确立与维持对应销售计划的生产计划以及库存计划。确立对应高精度销售计划的生产计划时，必须通过展开3个月的小批量生产计划、设定符合顾客要求的交货期，实施让成品库存最小化的计划与灵活生产。

②贯彻实施产品组合。必须把现有产品与新产品组合起来，实现高利润率的产品组合。为了高效开发新产品，必须与营业部门成为一体，有组织地致力于新产品开发。

（2）营业部门的对策

①彻底重新评估实际销售业绩的差异。营业部门爱把销售预测失准的责任推到客户身上，必须就预测与实际销售业绩的差异彻底展开调查、实施对策。

②实现优化的市场营销组合。必须通过优化组合市场营销的 4P（产品 /Product、价格 /Price、销售渠道 /Place、促销 /Promotion），把目标锁定在销售利润最大化上。

③销售业务员实施销售预测。泡沫经济时期那种物美价高产品畅销的时代已经终结。预测怎样销售物美价廉的产品，不仅让营业总部参与，而且还让工作在销售第一线的业务员共同参与，在此基础上，明确适合自己公司产品的市场分类（以细化的市场为单位，应该成为目标的市场领域），创造自己公司特有的市场，这样的措施至关重要。

▲订货型生产企业中的对策

（1）营业部门的对策

①确立订货计划。需要这样的对策，即确立 3 个月左右的订货计划，能够反映到工厂方面的物料订货计划中。因此，尽量把客户信息、报价查询情况制成数据库提高精度。

②提高承接订单时的确定规格精度。编写承接订单资料、协商时，一边预先与技术部周密地协商，一边进行订货规格的标准化，把生产阶段的变化降到最低。

（2）工厂方面的对策

引入小批量生产以适应客户交货期。按客户订货量一次性生产出来，看上去好像效率很高，但事实上，会出现大批量生产的弊病，导致产品库存增大。确认客户实际所需的交货期，以与之相对应的产量为批量单位努力进行生产。

SECTION❽

厂长常见苦恼 Q&A
【缩短前置时间和削减库存篇】

Q：1 为了提高设计开发的质量与速度、不退给设计返工，实施了设计审查，但是未得到预期的效果，一直在苦战。请问设计审查以什么为目的？怎样运营为好？

A：1 设计审查是为提高创造新产品速度而发挥巨大推动力的活动，但事实上，因不明确设计审查的目的而未能发挥作用的案例有很多。因此，必须明确以下目的后予以实施：

①为了按开发程序达到新产品的特点（功能、性能、安全性等）、质量、成本、前置时间（开发时间）指标，把新产品开发问题的早期发现与追踪（早期解决问题）确定为目标。

②为了积极地发现问题，新产品开发相关部门（营业、服务、生产技术、质量保证、制造加工）参与，发现新产品所具有的潜在风险和问题（产品竞争力、法律方面的规制、产品安全、批量生产方面的生产线问题等），以期相关部门共同努力尽早解决问题。

③吸收相关部门的方案，通过直接讨论，确实转化为挑战的项目。

④针对设计开发小组内部无法解决的问题，从相关部门获得其解决方案信息，通过试制品评估，把开发日程提前。

⑤各部门参与人员预先掌握设计内容，从自己部门专业的观点出发提前做好发现问题、提出问题的准备。

⑥设计审查通常在企业设计审查、试制设计审查、批量试制设计审查共三个阶段实施。

⑦设计审查经营高层必须参加，判定所发现问题的重要性，指示是否要重新评估开发、是否一边继续开发一边解决问题，在记录中保留结果，把解决的结果向相关部门通报。

Q：2 准备工序的作业时间长，无法适应订单变更，这真令人头痛。改善准备工序作业怎样推动呢？

A：2 改善准备工序的基本步骤如下：

首先，利用"准备工序时间调查表"调查耗费时间的准备工序作业。准备工序作业当中，抓住合计金额最多的准备工序作业，填入"准备工序时间调查表"中。针对所填入的准备工序作业，按照以下步骤实施改善活动：

步骤 1 尽量把机内式准备工序（停机的准备工序）转变为机外式准备工序（不停机的准备工序）。

步骤 2 谋求缩短机内式准备工序时间。

步骤3　谋求缩短机外式准备工序时间。

通过反复实施各步骤，彻底消除准备工序作业的浪费，以实现缩短准备工序时间。

表10-1

准备工序时间调查表/分析表										
准备工序时间调查表										
准备工序时间调查表										
工序名称	机器名称	品名	模具名称	6个月实际情况		每次准备工序成本				次数×成本 ↓ 6个月合计总金额(日元)
				产量	准备工序次数	时间×人×工资率＝小计(千日元)				
冲压	100tP	A金属器件	复合压模	15000	100	30分钟	2	60	3.6	360000
冲压	50tP	B角接件	切断模	28000	120	20	2	60	2.4	288000
成型	2盎司	安装工具	成型模	10000	50	40	2	50	4	200000
准备工序运行分析表										

工序名称		冲压	模具名称	复合压模	次/月		17次/月	
机器名称		100t冲床	小时/次	30分钟	负责人		制造科长	
品名		A金属器件	人/次	2人	观察人		中村一郎	
No.	更换准备工序步骤	时间			准备工序		改善着眼点	
		计时器示值	净时间		机内型	机外型		
1	搬运材料	1'20"	80"			○	搬运的专业化	
2	整理材料	2'12"	52"			○	搬运的专业化	
3	移动模具台车					○	利用2联台车实施机外式准备工序	
4	拆卸模具螺栓				○		利用销子缩短时间	
5	拉出模具				○		利用滚珠滑动缩短时间	
6	更换模具				○			

第 **11** 章

通过降低成本与创造利润谋求真正的生存

SECTION❶

彻底改善亏损产品就是当务之急

不降低成本与创造利润就无法生存
【实例研究】

▲生产现场的问题与厂长的苦恼

[实例1 "亏损工厂无法生存"]

在昨天召开的全国3家工厂厂长会议上，K公司关西工厂松永厂长受到佐藤社长严厉批评，因为只有关西工厂连续3年处于亏损状态。佐藤社长宣布，照这样下去的话，将导致整个公司的企业业绩发生亏损，难以维持关西工厂，今后再有亏损就考虑关闭工厂。他下达指示，为了避免发生这种最糟糕的情况，要火速制订下一年度扭亏为盈的计划，自上而下地推进。松永厂长再一次体验了被逼到悬崖边上的滋味，他认为导致目前的状况并非什么也没干，自己也为扭亏为盈尽了力。为了拟订计划，紧急召开工厂会议，参与研讨扭亏为盈对策，就今后的方法与各部门领导认真讨论。首先，财务科中村科长报告说，过去每件事情都节俭经费，难以再节俭。接着，采购科松本科长报告说，承包、外包企业被迫在严酷的经营环境中挣扎，难以再削减采购成本。确实，目前太急于降低成本，公司经费和供应商已处于极限状态，这是可以理解的。另一方面，设计部门在新产品开发方面要花时间，难以降低成本。松永厂长心情沉重，这是因为既要重新分析成本结构，又要立即致力于生产改革，而生产改革以前却从未努力做过。

▲生产现场的问题与厂长的苦恼

[实例2"真正的利润由生产改革产生！"]

近年来，B公司的工厂销售低迷而且采购物资价格不断上涨，所以工厂利润接近赤字。前田厂长危机感在增强，认为必须制定一些对策。此前，也积极实施了生产现场的改善。从几年前开始，就引入了5S，并一直以作业人员为主致力于清扫活动。而且，为了激活改善提案，在生产现场安设了改善提案箱。但是，生产现场的作业人员以非正式员工为主体，质量不合格和投诉频发，生产现场哪里谈得上改善，仅处理各种问题就已难于应付。因此，浪费的成本一直在增加。另一方面，公司所在的某工业园区中，相同规模的工厂确实也有正在盈利的。前几天参观某工厂，听那个工厂的厂长讲了好多，令人震惊，于是反省了以前那种表面上的措施。在那里，听说他们既推进"纯正5S"这一全员参与的措施，又致力于生产改革。

▲生产现场为什么变成这个样子了？问题的真正原因是什么？

降低成本这种措施，可以说是工厂追求创造利润永远的主题。特别是事实已经证明，在近年来物资涨价经济低迷的情况下，不认真致力于降低成本工厂就无法生存。但是，由降低成本的措施产生利润、产生盈利工厂的成果并非易事。松永厂长错误地认为，采取节减经费与削减外包费这种小聪明式的降低成本措施可以创造利润，结果无法让工厂从亏损体制脱胎换骨。另一方面，前田厂长认为利润由生产现场创造出来，结果采用清扫的5S与改善提案这类甩给生产现场处理不管不问的方法，错过了在越来越糟糕的生产现场中降低成本的机会。

▲厂长怎样改变这样的生产现场？

致力于降低成本是工厂生存不可或缺的条件，这是所有厂长的共同点。但是，为了确实把降低成本与工厂利润联系起来，必须采取这样的措施，即一方面分析成本结构与产品成本、实施生产改革，另一方面彻底改善亏损产品的成本结构。两位厂长都未能理解这一点，只把降低成本当成了目标。因此，要采取自上而下的措施，具体如下：

①为了降低成本，要分析成本结构，明确症结。
②下达指示推进生产改革、彻底改善亏损产品，领导层要带头。

第11章将介绍如何把降低成本的措施展开为创造工厂利润的方法。

SECTION❷

采用降低成本战略创造工厂利润

Q：1 我厂根据厂长降低成本的指示，以各部门管理人员为主体致力于降低成本，但是亏损的体制仍旧无法脱胎换骨。社长也严厉批评了亏损工厂不能继续存在的责任。为了让以前那种短视的降低成本脱胎换骨，把工厂改革成盈利体制，厂长推动什么、该怎样推动呢？

A：1 仅凭借力所能及范围内分散的降低成本活动并不能创造利润，把降低成本的措施与工厂利润联系起来并非易事。为此，当然要提高新产品开发速度，提高产品销售额。新产品开发是设计开发部门的主题，所以本节将介绍如何在以生产部门为主体的工厂中，以自上而下的方式推动以下措施：

步骤1　了解成本结构。

步骤2　利用盈亏平衡点图表明确利润结构的症结。

步骤3　利用盈亏平衡点计算表制订各经费项目降低成本计划。

步骤4　分析不同产品利润结构，制订产品别降低成本计划。

步骤5　为了改革成盈利体制的工厂，制订通过生产改革降低成本计划。

步骤6　基于以上措施，依次运行通过降低成本创造利润3个计划的PDCA循环（计划→实施→检查→行动）。对应厂长的基本方针与设定主题，在各部门中制订3个月计划，进而制订1个月的具体执行计划。厂长每个月检查1次实施结果，确认根据三现主义实施的事项与实施效果，下达指示，要求进行必要的修正并能够取得成果。

Q：2 把降低成本与工厂利润联系起来的方法基本上清楚了，那么制订降低成本计划时有什么要点呢？

A：2 顺利制订3个降低成本计划的要点如下。与各计划相关的详细内容，本章后面会介绍：

①各经费项目降低成本计划。一方面确实了解成本结构，另一方面分析盈利体制的现状，制订下月经费计划。

②不同产品降低成本计划。明确区分亏损产品与盈利产品，为亏损产品制订降低成本计划。

③通过生产改革降低成本计划。生产现场亏损的主要原因是停滞、库存、动作这3大浪费。因此，采用"纯正5S"改革现场体制，以打造流动的小批量生产线、打造工序管理机制为中心，致力于生产改革和改善。

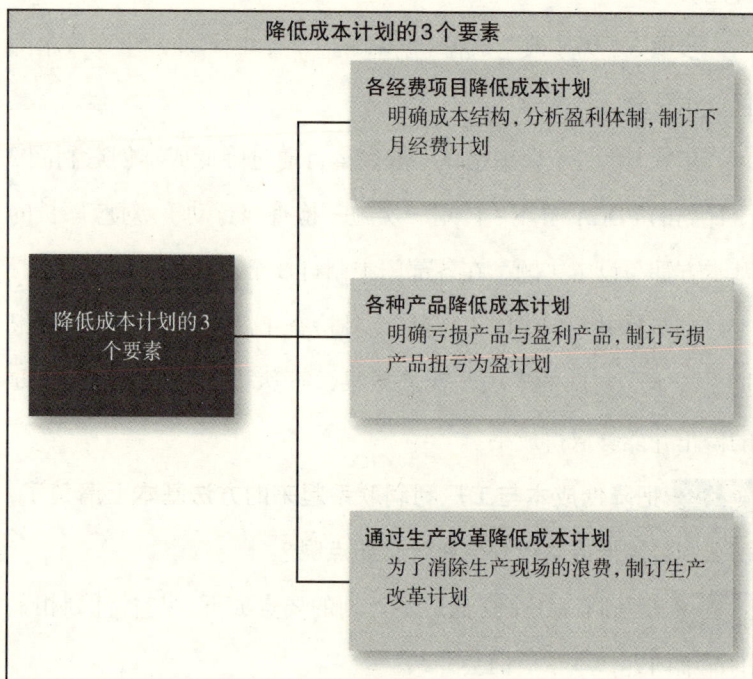

降低成本计划的3个要素
各经费项目降低成本计划 　明确成本结构,分析盈利体制,制订下月经费计划
各种产品降低成本计划 　明确亏损产品与盈利产品,制订亏损产品扭亏为盈计划
通过生产改革降低成本计划 　为了消除生产现场的浪费,制订生产改革计划

降低成本计划的3个要素

图 11-1

SECTION❸

掌握利润结构

这是"成本结构"与产生利润的机制

Q：1 我是技术部门出身的厂长，最近社长下达指示，要求为了提高利润而努力降低成本。我知道，仅凭眼前的降低成本活动不会有效果。我希望首先明确产生利润的思路，怎样考虑呢？

A：1 必须了解降低成本与创造利润的根本，其内容如下：

为了同时推动降低成本与创造利润，必须清楚"成本结构"。如图 11-2 所示，"成本结构"包括以下要素，而这些要素构成工厂出货产品的销售额（PQ）：

①可变成本（vPQ）。所谓可变成本，就是指以下与销售额成正比的主要经费。

·原材料费、零件费、外包加工费。

·与工厂设备运行率成正比的可变成本（能源费、加班费等）。

·部分劳务费（平日加班和节假日加班部分）。

②固定成本（F）。所谓固定成本，就是指以下固定产生的

主要经费，它不与销售额成正比。

· 劳务费、福利劳保费。

· 机器等的折旧费。

· 不与工厂设备运行率成比例的固定成本（公共税赋、通信费、交通费、教育培训费、能源费等）。

③边际利润（mPQ）。指因工厂出货而产生的销售额与相应的可变成本之间的差额。边界利润通常也称为毛利润，由固定成本与利润构成，是表现工厂是否具有产生利润体制的重要指标。

④可变成本比率（v）。指可变成本在销售额中所占的比例。如果这个比率高，那么即使销售额增加也难以产生利润，这就意味着是高成本体制。

⑤边际利润率（m）。指边际利润在销售额中所占的比例。这个比率高，意味着是高利润体制。

▲ "成本结构"与利润的思路

近年来，为了在市场低迷销售额不能增加的经营环境中生存，要基于"成本结构"，根据以下思路制订创造利润的计划。

①降低可变成本（vPQ）。削减可变成本有以下方法：

· 削减材料费、零件费。

· 选定低价供货单位。

· 减少投诉品、不合格品。

·通过变更切割布局提高材料利用率。

·削减不需要、不着急的加班等。

②降低固定成本（F）。削减固定成本有以下方法：

·生产改革的措施（通过引入"纯正5S"消除浪费、打造流动的生产线、加强工序管理、作业标准化、作业人员多能化等）。

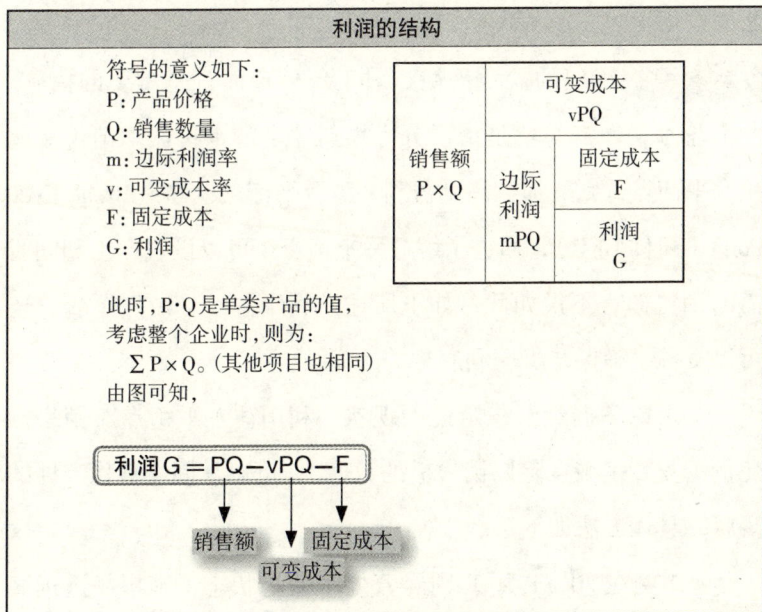

·削减制造经费。

利润的结构

符号的意义如下：
P：产品价格
Q：销售数量
m：边际利润率
v：可变成本率
F：固定成本
G：利润

销售额 P×Q		可变成本 vPQ
	边际利润 mPQ	固定成本 F
		利润 G

此时，P·Q是单类产品的值，
考虑整个企业时，则为：
　∑P×Q。（其他项目也相同）
由图可知，

利润 G＝PQ－vPQ－F

销售额　　固定成本
可变成本

图11-2

SECTION❹

利用盈亏平衡点图表掌握创造利润的症结

Q:1 我听说盈亏平衡点图表对于掌握工厂的盈亏状态很有效，怎样应用呢？

A:1 掌握工厂的盈亏平衡点对工厂生存而言是重要的措施。所谓盈亏平衡点，就是指区分亏损与盈利的销售额。销售额比盈亏平衡点低则亏损，高则盈利。盈亏平衡点也称为 Break Even Point（简称 BEP），通过了解盈亏平衡点，可以设置产生利润所需的销售额。不仅如此，如下所述，利用盈亏平衡点图表，还可以掌握、确保与工厂利润相关的症结：

①可以掌握经营稳定性的现状。利用盈亏平衡点对销售额比例（盈亏平衡点除以销售额的数值），可以掌握经营稳定性的现状，具体方法如下：

· 比例在 70% 以下，则经营处于安全状态（销售额远远高于盈亏平衡点）。

· 比例为 85%~90%，则今后经营处于需要警惕的状态。

· 比例在 95% 以上，则经营处于危险状态（销售额接近盈

342

亏平衡点）。

·比例在100%以上，则经营处于亏损状态（销售额低于盈亏平衡点）。

②可以掌握利润结构的优缺点。盈亏平衡点对销售额比例低，意味着以下情况（称为经营安全性高）：

·固定成本低。

·可变成本率小。

·即使固定成本高，可变成本率也小。

·即使可变成本率大，固定成本也低。

盈亏平衡点对销售额比例高，意味着存在以下症结（称为经营安全性低。此时，必须迅速制定改善对策以期产生利润）：

·固定成本高。

·可变成本率大。

·固定成本高，可变成本率也大。

·销售额过少。

③可以用于利润结构的改善对策。

·了解为了提高目标利润需要多少销售额。

·了解产品价格降低后利润是多少。

·了解销售数量减少后利润是多少。

·了解人工费提高后需要多少销售额。

·了解材料费涨价后利润是多少、需要多少销售额。

如上所述，时刻考虑利润结构，通过分析盈亏平衡点，就可以判定今后的利润计划。

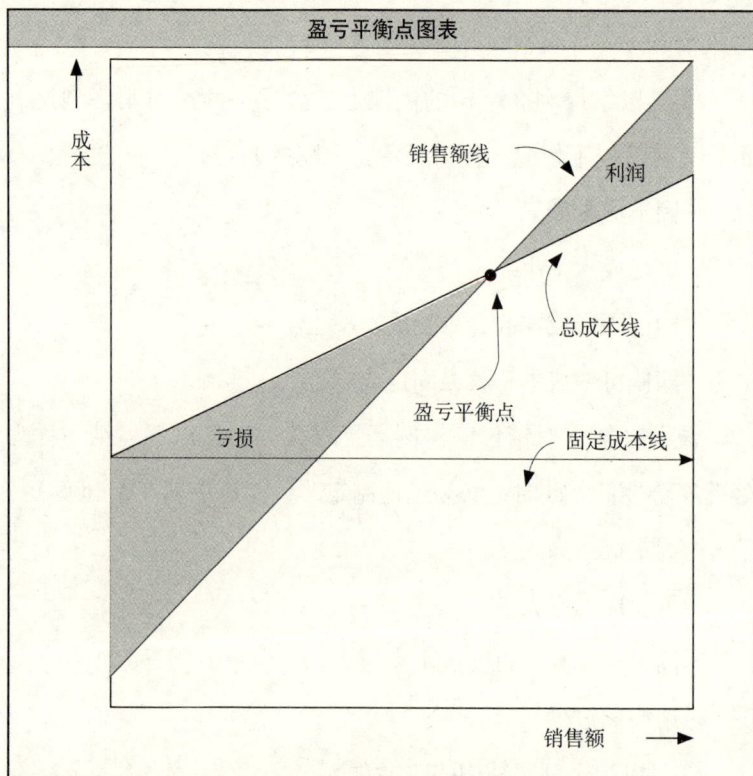

图 11–3

344

SECTION⑤

> 盈亏平衡点计算表的应用
> **利用盈亏平衡点计算表让盈亏 "可视化"**

Q:1 为了具体地掌握盈亏平衡点，怎样计算盈亏？

A:1 为了具体地掌握盈亏，必须计算盈亏平衡点。为此，根据经费项目计算的工具就是盈亏平衡点计算表。把成本项目的数值逐个填入该表中，即可开始计算盈亏平衡点。图表中分解成 20 个经费项目，可以说它大体上包含了一般工厂的成本经费项目。如图表所示，把制造成本各经费项目分解为可变成本与固定成本填入表中，计算可变成本与固定成本的总计数。

①可变成本的项目。指随着产量的不同而变化的项目，一般填写原材料费、零件费、外包加工费、包装运输费。

②固定成本的项目。一般填写间接劳务费、福利劳保费、折旧费、租赁费、保险费、差旅交通费、通信费、交际费、公共税赋、教育训练费等。

③包括固定成本和可变成本的项目。一般包括直接劳务费、直接经费、间接材料费、修缮费、水电燃气费等项目。此时，作为固定成本一般首先设定营业所需的成本，超过它的成本作

为可变成本分开填写。

▲采用盈亏平衡点计算表分析的实例

采用盈亏平衡点计算表计算边际利润、边际利润率、盈亏平衡点，根据盈亏平衡点对销售额比例（实例中为 $1273 \div 1745=73\%$，可以判定经营情况稳定）判定经营状态。

▲制订降低盈亏平衡点的计划

能够掌握现状，下一步就可以预测、计划下个月的盈亏平衡点，填写各预测经费，设定为降低盈亏平衡点应该削减哪些经费的目标。

表11-1

盈亏平衡点计算表实例					
盈亏平衡点计算表					年 月
项目 经费项目	可变固定		①可变成本	②固定成本	成本合计
	可变	固定			
1.原材料费	○		570		570
2.零件费	○		50		50
3.外包加工费	○		165		165
4.直接劳务费	○	○	5	180	185
5.直接经费	○	○	5	15	20
6.福利劳保费		○		25	25
7.间接材料费		○		7	15
8.间接劳务费		○		276	276
9.折旧费	○	○	8	47	47
10.租赁费		○		14	14
11.保险费		○		2	2
12.修缮费	○	○	5	8	13
13.水电燃气费	○	○	9	3	12
14.差旅交通费		○		8	8
15.通信费		○		3	3
16.包装运输费	○		40		40
17.交际费		○		5	5
18.公共税赋		○		14	14
19.教育培训费		○		2	2
20.其他经费	○	○	5	35	40
合计			①862	②644	1506
③销售额	1745				
④边际利润	883			③销售额-①可变成本	
⑤边际利润率	0.506			④边际利润÷③销售额	
⑥盈亏平衡点	1273			②固定成本÷⑤边际利润率	

（单位：万日元）

347

SECTION❻

Q:1 我知道工厂真正的利润由生产改革和改造产生，无论如何也希望厂长以自上而下的方式进行努力。请问需要采取哪些措施？

A:1 为了从生产现场产生利润，厂长要以自上而下的方式有计划地依次运行生产改革的循环。为了不断地从工厂的生产现场产生利润，要采取措施彻底消除停滞、库存、动作的3个浪费，它们会导致亏损。另一方面，采用仅以节俭经费为中心的削减成本的方法，只能得到降低现场体力与干劲的结果，无法获得工厂利润。通过生产改革和改善降低成本以创造利润的方法如下：

▲通过实践生产改革推进创造真正的利润

从工厂产生真正的利润，不仅要采取降低成本的措施，而且还要采取提高质量、提高生产速度的措施（改善 QCT）才有可能实现。这是因为在质量与生产速度当中，有很多大幅度降低成本、产生利润的要素的缘故。正因为如此，生产改革是不

348

可或缺的，如果生产改革没有工厂高层制订方针和目标，以及实践的热情就无法实现。通过生产改革创造利润的方法，包括以下6个行动主题：

①采用"纯正5S"改革现场体制。"纯正5S"的目的并非单纯的清扫活动等，而是全员参与的现场改革活动，即消除无理、无稳、浪费，从根本上改革生产现场体制。通过确实实施成功的3个原则（自上而下、全员参与、工作时间内实践），使得生产现场转变成为产生利润的体制（参阅第2章）。

②引入新的生产方式。必须从根本上改革以往生产的机制，即生产方式。产生利润生产方式的代表就是小批量生产方式。引入小批量生产方式打造生产流动，灵活适应客户的变种变量要求，缩短前置时间，以创造利润（参阅第10章）。

③改革工厂布局。从根本上重新评估工厂的布局，基于"U"字形布局进行改革以创造利润（参阅第10章）。

④把并行工程技术引入新产品开发中。缩短生产现场新产品量产启动时间，改革为客户提供新产品之前的开发工艺流程，缩短开发时间，以提高顾客满意水平、提高销售额（参阅第10章）。

⑤引入生产管理的机制。盈利的精益制造，取决于引入与应用生产管理。进行生产计划与工序管理，消除生产工序停滞的浪费，可以迅速解决问题，产生利润（参阅第7章）。

⑥通过对不同层级人员培训活动培育"人财"。在派遣员工

增多的情况下，加强管理人员的改革力与监督人员的现场指导力已成为必要条件。管理人员与监督人员实践基本行为，生产现场就会产生利润（参阅第 5 章）。

▲通过生产改善推进降低成本

通过生产改善降低成本有以下行动课题：

①削减投诉与质量不合格。投诉与质量不合格，产生 10 倍以上浪费的成本，而且还产生巨大的损失，即失去顾客的信任。因此，针对投诉与质量不合格，要根据三现主义掌握发生的事实，针对所发生的原因切实实施 6M 对策，而并非仅以临时对策了事。没有防止再发生对策，工厂就无法生存（参阅第 7 章、第 8 章）。

②采用作业标准化的稳定生产。生产活动的基本单位由作业构成。生产现场派遣员工和新入职员工增多，这样的生产现场不致力于作业标准化，就无法停止生产现场的无理、无稳、浪费。现在要求的标准化，必须整理成缺乏经验的不熟练作业人员也容易弄懂、能够做到的内容，而并非像以前那样以老手为前提的标准化（参阅第 3 章）。

SECTION❼

通过生产改革和改善创造"真正的利润" Ⅱ

③降低设备故障率。通过掌握机器设备发生故障的现象、实施防止再发生对策，可以削减停产的浪费（参阅第 6 章）。

④削减库存。削减库存既具有加强资金流动的效果，又能够消除与库存相关的很多浪费（参阅第 10 章）。

⑤作业改善与准备工序改善。现在要求的作业改善是指快善活动，它能让缺乏经验的作业者不发生作业失误就学会作业。致力于准备工序作业与实质作业这两种作业的快善，可以稳定作业的质量并消除浪费（参阅第 10 章）。

⑥消除生产现场的浪费。生产现场有很多浪费，为了打造盈利的生产现场，消除浪费已成为必要条件。要开展快善活动，以同时消除 3K（危险、累人、肮脏）与 3M（无理、无稳、浪费），它们都与派遣员工和新入职员工密切相关（参阅第 9 章）。

⑦作业人员的培养与多能化。增加派遣员工确实可以削减直接劳务费，但另一方面却付出质量不合格与生产速度降低的巨大代价。为了防止此类现象发生，急需推进作业标准化、尽

快培养派遣员工的措施，刻不容缓，这是重要课题（参阅第3章）。

⑧采用"可视化"尽早解决问题。生产现场每天都不断发生各种问题。问题变大之前，及时把问题"可视化"，防发生麻烦于未然，以削减成本（参阅第4章）。

⑨削减采购成本。原材料和零件采购成本、外包品成本属于可变成本，是成本的主要构成要素，必须把它们定为降低成本的对象。但是，一个劲地要求单方面降价，只会得到消耗供应商热情的结果。因此，必须开辟货源、通过指导引入"纯正5S"培养供应商。

▲致力于降低制造成本

节俭制造经费并不是仅以节俭为目的进行推动，而是要以消除经费的浪费、追求适当成本的努力姿态。削减制造经费的方法包括以下几项：

①采用预算控制按计划支出、防浪费经费于未然。

②通过改善设备削减能源费。

③削减易耗工具费、耗材费。

④禁止不需要和不着急的加班、出差。

⑤录用非正式员工（但是，必须花时间和经费对非正式员工进行教育培训）。

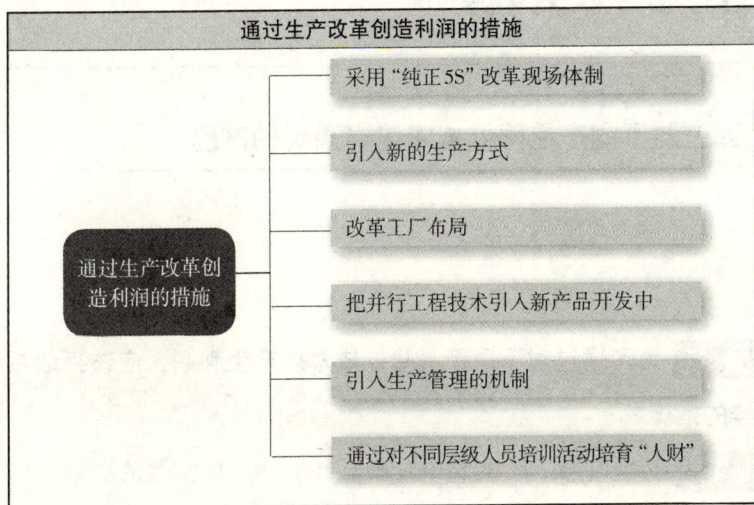

图11-4

SECTION❽

通过对不同产品降低成本培育盈利的产品

Q：1 为了通过对不同产品降低成本以产生利润，应该采取怎样的措施？

A：1 必须按照工厂利润由各产品产生这一思路降低成本。为了由产品产生利润，要采用以下 3 个工具降低成本。

▲应用分类产品成本管理表

在分类产品成本管理表（第 356 页）中，分别给出了产品 A、B、C 的成本结构。各产品的主要成本项目由 3 个要素构成，即可变成本、公司内部加工费、工厂管理费。首先，可变成本项下，如上所述，填写原材料费、采购零件费、外包零件费。接下来，各产品的加工费项下，填写加工时间与工作岗位工资率，计算公司内部加工费。工作岗位工资率填写每分钟的经费。工厂管理费项下，大约分摊产品价格的 5% 即可。管理表的计算方法是，首先计算边际利润，然后从边际利润中减去公司内部加工费与工厂管理费，最后计算产品别利润。

354

▲应用分类产品年利润比较表

利用产品别年利润比较表（第 357 页），比较一年由产品产生的毛利。由该实例可知，C 产品的利润最低。于是，把 C 产品定为分产品降低成本的对象。努力进行改善使得利润率低的产品产生利润，提高整个工厂的利润，这就是努力的目标。

▲应用分类产品降低成本管理表

为了致力于重点产品降低成本，要应用分产品降低成本管理表（第 368 页）。管理表的构成内容与分类产品成本管理表相同，但它通过设定削减成本目标、与实际情况的比较管理，致力于降低成本。实例中，掌握了如下情况，即针对当前 80 日元的利润设立了 120 日元的目标，但还差 27 日元未完成。

表 11-2

经费项目\产品名称		构成比例	A产品	B产品	C产品
分类产品成本管理表					
①产品价格		100%	1000日元	800日元	1100日元
可变成本	②原材料费	%	200日元 20%	100日元 13%	250日元 23%
	③采购零件费	%	300日元 30%	200日元 25%	100日元 9%
	④外包零件费	%	100日元 10%	150日元 19%	115日元 10%
⑤边际利润 =①-②-③-④		%	400日元 40%	350日元 43%	635日元 58%
公司内部加工费	⑥加工时间	分钟	7分钟	5.5分钟	12.5分钟
	⑦工作岗位工资率	日元/分钟	40日元/分钟	40日元/分钟	40日元/分钟
	⑧公司内部加工费 ⑧=⑥×⑦	%	280日元 28%	220日元 27%	500日元 45%
⑨工厂管理费		%	50日元 5%	40日元 5%	55日元 5%
⑩利润 ⑩=⑤-⑧-⑨		%	70日元 7%	90日元 11%	80日元 7%

356

表11-3

分类产品年利润比较表			
经费项目 / 产品名称	A产品	B产品	C产品
①产品单价	1000日元	800日元	1100日元
②利润/单位	70日元	90日元	80日元
③年销售数量	20000个	15000个	10000个
④年销售额	20000千日元	12000千日元	11000千日元
⑤年毛利	1400千日元	1350千日元	800千日元
⑥年利润排名	①	②	③

从该排名表中选择排在第3位的C产品致力于降低成本，以增加利润。

其结果如表11-4所示，以单件产品为单位距离目标还差27日元，但是比当初的利润增加了13日元，年增加利润130千日元。

分类产品降低成本管理表				

(产品名称C)

经费项目 ＼ 项目		当前数值	降低后目标值	期末实际值	与目标的差值
①产品价格		1100日元	1100日元	1100日元	0
可变成本	②原材料费	250日元	245日元 (△5)	247日元 (△3)	差2日元
	③采购零件费	100日元	99日元 (△1)	99日元 (△1)	0
	④外包零件费	115日元	113日元 (△2)	114日元 (△1)	差1日元
⑤边际利润 ＝①－②－③－④		635日元	643日元 (＋8)	640日元 (＋5)	差3日元
公司内部加工费	⑥加工时间	12.5分钟	12分钟 (－0.5)	12.3分钟 (－0.2)	差0.3分钟
	⑦工作岗位工资率	40日元/分钟	39日元/分钟	40日元/分钟	差1日元/分钟
	⑧公司内部加工费 ⑧＝⑥×⑦	500日元	468日元 (△32)	492日元 (△8)	差24日元
⑨工厂管理费		55日元	55日元	55日元	0
⑩利润 ⑩＝⑤－⑧－⑨		80日元	120日元 (＋40)	93日元 (＋13)	差27日元

358

SECTION❾

厂长常见苦恼 Q&A
【 降低成本与创造利润篇 】

Q:1 为了致力于降低成本，我希望进行与生产率相关的分析，并把分析结果定为掌握现状与措施成果的判定数据。为此，需要进行哪些分析呢？

A:1 与生产率相关的指标水平低，意味着生产中的浪费频发，它导致生产现场发生亏损。把与生产率、质量、交货期相关的指标作为降低成本措施的成果，致力于生产改革和改善，这样做是有效的。特别是质量的浪费、交货期延误的浪费会导致成本增大，必须把它列为降低成本的指标。

▲生产率相关指标

①劳动生产率＝附加价值 / 人数（日元 / 人）（附加价值＝产值－材料和外包费）表示产生附加价值需要多少人、每人生产率的数值。

②时间生产率＝附加价值 / 总运行时间（日元 /h）表示产生附加价值需要多少包括加班时间在内的劳动时间、每小时生产

率的数值。

▲质量相关指标

①产品不合格率＝不合格品数量／总产量（％）产品不合格率是表示质量成本浪费的数值，诸如返工的工时和材料的浪费等。

②工序总计不合格率＝工序中的不合格品总数／总产量（％）工序总计不合格率是表示工序内质量成本浪费的数值。

③投诉率＝投诉件数／总生产批量数（％），投诉率是表示因顾客不满意而产生投诉成本浪费的数值。

▲交货期相关指标

①交货期延误率＝延误件数／总出货件数（％）交货期延误率是表示生产现场混乱、发生浪费的数值。

Q：2 我厂从以前开始就致力于降低成本，但是一点儿效果也没有。我身为厂长深刻反省，认为其原因是采用了自下而上的方式，这是一种听任生产现场与各部门的方式。因此，这一次下决心要以自上而下的方式推动降低成本了，请问如何有效地降低成本？

A：2 降低成本的措施有自上而下与自下而上两个方向，即使降低成本、创造利润这种方针及目标相同，两个方向也明显不同，其差异如下。要想既有效又快速地降低成本，必须整合自上而下与自下而上这两种方式。

▲以自上而下的方式降低成本

通常按以下步骤展开。采用这种方法能有效推动改革，但是不能推动切合生产现场实际情况与各部门自主性的改革和改善，有降低成本流于形式的趋势：

①展示工厂为了生存而降低成本的综合方针与目标。

②为了完成综合目标，把它逐个分解成具体的主题与目标。

③展示针对各主题与目标具体执行方法的准则。

④为了实施所展示的方针，给各部门下达指示明确任务与分担的项目。

⑤高层评估所实施降低成本的成果，并展开为下一个目标。

▲以自下而上的方式降低成本

通常按以下步骤展开。采用自下而上的方法，关注眼前的小问题和浪费，改革的要素减少，它以改善为中心，对降低成本发挥不了太大的作用：

①观察工厂的生产现场。

②观察后提炼出问题与浪费。

③拟定消除所提炼问题与浪费的改善对策。

▲整合自上而下与自下而上两种方式推动降低成本

整合二者是有效的方法：

①设定工厂降低成本的方针与目标（参阅本章，决定综合改革和改善内容）。

②提炼出生产现场的问题与浪费。

③基于工厂方针，以各工作岗位的管理人员为主，制订对应生产现场实际情况的生产改革和改善单个目标、3 个月实施计划。

④厂长确认各工作岗位目标与工厂改革目标一致、反映了现场的实际情况。

⑤各工作岗位推进改革和改善计划，厂长以 1 个月为周期检查实施结果，并确认效果。

东方出版社助力中国制造业升级

定价：28.00 元

定价：32.00 元

定价：32.00 元

定价：32.00 元

定价：32.00 元

定价：32.00 元

定价：30.00 元

定价：30.00 元

定价：32.00 元

定价：28.00 元

定价: 28.00 元

定价: 36.00 元

定价: 30.00 元

定价: 32.00 元

定价: 32.00 元

定价: 32.00 元

定价: 38.00 元

定价: 26.00 元

定价: 36.00 元

定价: 22.00 元

定价: 32.00 元

定价: 36.00 元

定价: 36.00 元

定价: 36.00 元

定价: 38.00 元

定价: 28.00 元

定价: 38.00 元

定价: 36.00 元

定价: 38.00 元

定价: 36.00 元

定价: 36.00 元

定价: 46.00 元

定价: 38.00 元

定价: 42.00 元

定价: 49.80 元

定价: 38.00 元

定价: 38.00 元

定价: 38.00 元

定价: 42.00 元

定价: 52.00 元

亲爱的读者朋友们：

东方出版社秉承"新思想、新知识、新生活"的理念，致力于国内外优秀的经济、管理、文艺、少儿、生活、历史、学术、教育等人文社科类图书的出版，每年出版的图书品类达千余种。

为答谢读者朋友们长期以来的厚爱，特推出系列优惠馈赠图书活动。只要您通过微信关注"东方出版社"（微信公众号：dfcbs2011）并自付邮费，就有机会获取百本免费区或百本三折区里的任意一本图书。每月两次我们将从热心读者中抽取 100 名幸运朋友，更为优惠的活动信息详见微信公众号。

感谢您的支持，汲取知识与力量，我们将与您一路同行！

（活动具体信息及时间详见微信公众号）

若有任何咨询和疑问，敬请联系读者服务部：010－85924616